DOMAINE DU POSSIBLE

La crise profonde que connaissent nos sociétés est patente. Dérèglement éco-logique, exclusion sociale, exploitation sans limites des ressources naturelles, recherche acharnée et déshumanisante du profit, creusement des inégalités sont au cœur des problématiques contemporaines.

Or, partout dans le monde, des hommes et des femmes s'organisent autour d'initiatives originales et innovantes, en vue d'apporter des perspectives nou-velles pour l'avenir. Des solutions existent, des propositions inédites voient le jour aux quatre coins de la planète, souvent à une petite échelle, mais toujours dans le but d'initier un véritable mouvement de transformation des sociétés.

ÉCO*LO*NOMIE

DU MÊME AUTEUR

Le Syndrome du poisson lune : un manifeste d'anti-management, Actes Sud, 2015.

Ouvrage publié sous la direction
de Cyril Dion

© Actes Sud, 2016
ISBN 978-2-330-05771-8
www.actes-sud.fr

EMMANUEL DRUON

ÉCO*LO*NOMIE

ENTREPRENDRE SANS DÉTRUIRE

PRÉFACE DE ROB HOPKINS

DOMAINE DU POSSIBLE
ACTES SUD | COLIBRIS

Je remercie mes éditeurs qui ont accepté que ce livre ne soit pas disponible sous forme numérique. De récentes analyses du cycle de vie démontrent que les outils numériques, loin de permettre une hypothétique "dématérialisation des supports", mobilisent au contraire beaucoup d'énergie et de ressources minières, fossiles, fissibles non renouvelables à l'échelle du temps humain. D'autre part, l'obsolescence numérique est trop souvent rapide et programmée, le recyclage n'est pas sérieusement maîtrisé pour le moment. En choisissant le support conventionnel en papier, il me semble possible de rester cohérent avec les idées défendues dans cet ouvrage.

Les droits d'auteur issus des ventes du présent ouvrage seront intégralement versés au profit de l'association à but non lucratif et déclarée d'intérêt général Canopée Reforestation pour le reboisement du Nord-Pas-de-Calais.

à Réjean et Loulou

Nous ne savons pas, en vérité, ce que sont les mondes ni de quoi dépend leur existence. Quelque part dans l'univers est peut-être inscrite la loi mystérieuse qui préside à leur genèse, à leur croissance et à leur fin. Mais nous savons ceci : pour qu'un monde nouveau surgisse, il faut d'abord que meure un monde ancien. Et nous savons aussi que l'intervalle qui les sépare peut être infiniment court ou au contraire si long que les hommes doivent apprendre pendant des dizaines d'années à vivre dans la désolation pour découvrir immanquablement qu'ils en sont incapables et qu'au bout du compte ils n'ont pas vécu.

JÉRÔME FERRARI,
Le Sermon sur la chute de Rome[1].

1. Actes Sud, 2012, p. 19-20.

PRÉFACE. MOUVEMENT DE LA TRANSITION : LES ENTREPRISES AUSSI,
DE ROB HOPKINS   12

1. L'ÉCOLONOMIE POUR SORTIR DE LA DESTRUCTION CRÉATRICE   16

2. DES MATIÈRES PREMIÈRES RENOUVELABLES À L'ÉCHELLE DU TEMPS
HUMAIN   30

3. L'ÉNERGIE D'ORIGINE NATURELLE, NI FOSSILE, NI FISSIBLE   50

4. L'EAU EST RARE, PRÉSERVONS-LA   76

5. BIODIVERSITÉ ET AUTOSUFFISANCE ALIMENTAIRE POUR TOUS ET
PARTOUT   96

6. RÉNOVER OU CONSTRUIRE SOBREMENT   108

7. URBANISME, MOBILITÉ, VERS LA VILLE ÉCOLONOMIQUE   134

8. LA VALLÉE DE L'ÉCOLONOMIE   158

9. COMME UN GERRIS POSÉ SUR L'ONDE   176

BIBLIOGRAPHIE   178

REMERCIEMENTS   180

COMMENT NOUS CONTACTER   182

PRÉFACE
MOUVEMENT DE LA TRANSITION :
LES ENTREPRISES AUSSI

Au moment où je m'assieds pour commencer ce texte, le Premier ministre anglais, David Cameron, vient d'annoncer que le gouvernement britannique allait faire le choix du "tout-gaz de schiste". Pour répondre aux fortes baisses de production du pétrole et du gaz de la mer du Nord, le Royaume-Uni décide que la révolution du gaz de schiste qui s'est produite aux États-Unis peut se rééditer outre-Manche. Les collectivités sont appâtées par des pots-de-vin à chaque puits foré, et les autorités locales sont encouragées à garder la totalité de l'impôt foncier des entreprises, un avantage très alléchant en ces temps d'austérité où leurs financements sont réduits.

Les climatologues nous disent que la meilleure – et la seule – place pour le gaz de schiste est de rester à quelques centaines de mètres de profondeur sous la surface du sol. Nous sommes encore obsédés par l'idée que l'unique façon d'aller de l'avant est de continuer à faire les mêmes choses qu'autrefois et de la même façon, même si cela rend notre planète inhabitable. Mais il y a une autre manière de faire, et c'est le sujet du livre que vous venez de commencer.

Je participe depuis sept ans à une expérience mondiale qui explore ce que peut donner, en pratique, une réponse proposée et mise en œuvre par les citoyens eux-mêmes face aux défis posés par les nouvelles règles de fonctionnement de nos sociétés humaines. Motivée par les changements de climat, la fin de l'énergie bon marché, la fragilité et l'instabilité de notre économie, cette expérience propose de faire les choses différemment. Le "mouvement de Transition", comme nous l'appelons, est actif dans quarante-quatre pays autour du monde et contribue à bâtir des communautés résilientes (qui ont la capacité de s'adapter aux chocs et aux changements). Outre la nécessité de réduire les émissions de carbone, on y voit le besoin de renforcer les économies locales pour y intégrer une notion de résilience dans ces temps de changement rapide.

Ces dernières années, le mouvement a évolué vers une communauté qui organise une stratégie de mise en route de nouvelles économies en partant de zéro. Il défend l'idée qu'au lieu d'imaginer un avenir où le peu d'énergies fossiles restantes est extrait pour soutenir à n'importe quel prix la croissance économique, on pourrait créer une économie alternative, plus locale et trouvant autant que possible ses ressources dans son environnement. Mieux structurée autour de la construction de la résilience, c'est-à-dire de la capacité à résister et à apprendre des coups durs ; plus respectueuse de l'idée de vivre dans les limites naturelles et qui produise le moins possible d'émissions de CO_2. Une économie qui apporterait aussi, quand c'est possible, des actifs à la communauté, non pas seulement pour produire du profit mais pour créer du rendement social.

À travers son projet REconomy, le mouvement de Transition soutient de nombreuses initiatives qui mettent tout ceci en pratique dans le monde entier. À certains endroits, nous avons fait des analyses détaillées de l'économie, proposant un mode d'action plus local. Nous commençons à comprendre à quoi va ressembler l'économie du futur, sa nature, son retentissement. Nous voyons se développer d'étonnantes entreprises communautaires productrices d'énergie, des monnaies locales, des systèmes locaux d'approvisionnement alimentaire, des fermes communautaires, de nouvelles brasseries artisanales, des boulangeries soutenues par la communauté et bien d'autres choses encore.

En faisant ce travail, nous restons à l'affût d'une inspiration, de modèles d'entreprises qui ont déjà pratiqué de cette façon avec succès – sans qu'il soit question de réinventer la roue. Une de ces entreprises montre le chemin, c'est Pocheco, qui à l'origine fabrique des enveloppes en tenant compte du renouvellement des matières premières telles que le papier ou de l'innocuité des encres ou des colles utilisées dans la fabrication, tout en accueillant des panneaux photovoltaïques, des plantes et des ruches sur son toit. Une entreprise qui met au cœur de ses préoccupations la réduction de sa consommation d'eau et d'énergie et de sa production de déchets. Cela passe par une réflexion sur l'utilisation de ses matières premières et un souci de laisser l'empreinte la plus légère possible sur la Terre. Et c'est l'histoire que vous allez découvrir dans les pages qui suivent.

C'est une histoire importante que vous allez lire. Elle montre que nous sommes à la croisée de deux chemins. Soit nous choisissons la route de l'exploitation des gaz de schiste, des sables bitumineux et nous n'agissons pas contre l'augmentation de température de 6 degrés que les scientifiques du GIEC (Groupe d'experts intergouvernemental sur l'évolution du climat) craignent, soit nous choisissons d'adopter le chemin de Pocheco, et nous en sortirons grandis. Alors que nous nous tenons à ce carrefour, où sont la créativité, l'invention, la passion? Il a fallu une imagination phénoménale pour mettre en route une révolution industrielle, il en faudra tout autant pour imaginer la suite. C'est ce qui me plaît tant dans l'histoire que vous allez découvrir. Elle ne présente pas la façon d'avancer vers l'avenir de manière responsable en apprenant à se passer des choses et en retournant lentement à l'âge des cavernes. Elle parle d'un visionnaire, Emmanuel Druon, qui entreprend de réimaginer Pocheco de A jusqu'à Z, en abaissant son impact environnemental et sa pollution, en réduisant les risques au travail et le stress professionnel, et en produisant du profit grâce à l'amélioration de la productivité de l'usine et de son activité.

Les nombreuses technologies et approches abordées dans ces pages sont très intéressantes et peuvent être reproduites. Ce que j'aimerais que vous en reteniez, c'est l'esprit, l'idée que tout est possible. L'échelle de transformation, de transition, que le monde doit adopter durant les dix à vingt prochaines années est historiquement sans précédent. Si nous arrivons à gérer cela, nos enfants et nos petits-enfants pourront chanter et raconter la saga de ce temps-là. Et l'une de ces histoires sera celle de Pocheco. Y aura-t-il une autre histoire qui racontera ce que vous allez créer après avoir refermé ce livre?

ROB HOPKINS
Cofondateur de Transition Town Totnes et de Transition Network
www.transitionnetwork.org

Traduit de l'anglais par Elizabeth Dinsdale.

1

L'ÉCOLONOMIE
POUR SORTIR DE LA DESTRUCTION CRÉATRICE

*On ne peut pas résoudre le problème avec le même mode
de pensée que celui qui a créé le problème.*

ALBERT EINSTEIN

En France, dans le Nord, les matins clairs succèdent souvent à
quelques jours de pluie, les nuages libèrent une belle lumière dorée,
on se croirait dans un Vermeer. Les courants d'altitude ont fini de
chasser les nébulosités. La journée sera belle. C'est un matin de jour
de tournage, nous recevons un réalisateur et ses techniciens. Toute
l'équipe de Pocheco est sur le qui-vive. Un mélange d'excitation, de
concentration et de trac. Nous nous préparons à entrer en scène.
Comme chaque fois que nous recevons des hôtes à l'usine, nous ne
savons pas si nous serons prêts. Élodie aussi se prépare. Elle doit
parler du recyclage. "J'ai trouvé mon accroche, dit-elle, c'est simple,
je vais leur dire que chez nous il n'y a pas de déchets mais seulement des ressources. C'est cela, les déchets sont des ressources."

Qu'est-ce que ces artistes et techniciens du cinéma sont venus
faire à Forest-sur-Marque ce 29 août ? On sent qu'une partie d'entre
eux se posent vraiment la question en descendant du taxi qui les
dépose chez nous ce matin-là. Forest-sur-Marque ?

Commune rurale de 1 500 âmes tapie au milieu de l'enchevêtrement urbain Lille-Roubaix-Tourcoing, commune tranquille si elle
n'était pas traversée quotidiennement par une circulation intense,
11 000 véhicules et 500 camions[1]. Commune sans histoire, qui,
depuis le XIXe siècle, après s'être construite autour de son unique
usine de transformation du jute en sacs pour l'agriculture, a connu
un développement régulier de sa population. Plus tard, d'autres
industries se sont implantées. Peu regardantes sur la question des
rejets. Les terres se sont progressivement chargées de plomb, de

1. Selon une étude du Conseil général du Nord. Pour la seule région Nord-Pas-de-
Calais, ce sont 1,5 million de véhicules particuliers qui transportent les salariés vers
leur lieu de travail. Leurs voitures sont en moyenne chargées de 1,17 personne.

cuivre, d'étain, de cyanure, de composés phosphorés, de chlore...,
produits hautement toxiques qui, avec le temps, ont infiltré jusqu'aux
nappes phréatiques.

Ces industries polluantes ont fini par quitter le territoire, laissant derrière elles, en toute légalité, la quasi-totalité des terres polluées, que des promoteurs peu scrupuleux hérissent de logements
avec l'assentiment appuyé, et surtout mal informé, de l'équipe aux
commandes de la commune.

Que sont venus trouver ces artistes ? Ils sont venus voir Pocheco.
Entreprise créée en 1928, installée depuis quarante ans dans les
bâtiments longtemps à l'abandon de l'ancienne usine textile de sacs
en toile de jute, animée par 122 techniciennes et techniciens. On y
fabrique des enveloppes en papier pour la gestion, par les banques,
les compagnies d'assurances, celles de téléphonie ou les services
publics et parapublics, de leurs échanges épistolaires. Depuis une
vingtaine d'années, sans faire grand bruit, cette usine s'est complètement réinventée. Elle est revenue de l'enfer, même. Dans les
années 1990, l'équipe aux commandes dirigeait l'entreprise de façon
approximative, au détriment de la qualité et au profit de la rentabilité à court terme. Ce que l'on appelle, depuis, le harcèlement moral
était pratiquement érigé en règle de "management". Et on passe les
détournements financiers et autres petits arrangements avec la loi.

Quand je suis arrivé en 1997, l'équipe était en miettes. Le projet de l'entreprise était à la dérive, au point que le pronostic le plus
optimiste laissait présager, au mieux, un dépôt de bilan dans les
trois ans.

L'avantage, quand on débarque de nulle part et que l'on découvre
(progressivement) l'étendue du désastre, c'est que l'on n'a plus rien
à perdre.

Si. Nos clients.

Pour sauver notre entreprise, nous allions prendre des directions et faire des choix qu'à l'époque les observateurs trouvaient au
mieux amusants, mais le plus souvent complètement délirants. En

tout cas parfaitement non conventionnels, si on se réfère aux règles classiques du capitalisme du XXᵉ siècle.

Quels sont ces choix étranges ?

D'abord, produire une qualité supérieure et pour cela acheter les meilleures matières premières, donc souvent les plus chères. Avec la nouvelle équipe que j'ai constituée, composée de personnes qui occupaient jusque-là des postes subalternes au sein de l'entreprise, mais aussi qui venaient de l'extérieur, aux profils variés, nous avons maintenu un seul cap. Celui de l'attention portée à la qualité des productions, des matières premières et des équipements. Car tout est lié. Dans l'industrie, pour produire des biens de qualité il faut, comme dans la haute cuisine ou dans la mode, des matériaux choisis avec soin et ne pas lésiner sur les prix. Nous y investissons tous nos moyens. Ceux que nous procurent nos ventes. Cette règle, sanctuarisée depuis, est toujours en vigueur. Elle nous permet de préserver notre indépendance.

Ensuite, prendre un soin sourcilleux de l'amélioration constante de nos outils de travail et de la sécurité du site.

Pour cela, nous achetons les "Rolls" de la profession et les dotons d'une maintenance préventive plutôt que curative. Sans cela, l'utilisateur doit faire face à la probabilité d'un arrêt non planifié qui risque de mettre à mal toute son organisation du travail.

Renforcer à chaque intervention d'entretien la sécurité et le confort au travail, mais aussi sur le site, en planifiant correctement les circulations pour éviter le risque de collision. C'est-à-dire en repensant le sens de la production, la place des machines et des hommes pour réduire les étapes de préemption ou de soulèvement et le transport des matières premières et des produits finis. Cette recherche d'amélioration ne connaît jamais de fin, elle est continuelle. On peut toujours améliorer.

Puis, choisir des matières premières naturelles, issues de ressources renouvelables à l'échelle du temps humain. Des modes

– 19 –

de transport compacts et doux pour l'environnement, pour minimiser l'impact de nos activités. En élaborant des recettes pour nos produits qui garantissent leur totale innocuité tout au long de leur cycle de vie. En garantissant que tous nos produits, mais aussi leur conditionnement, sont effectivement recyclables, recyclés et parfaitement biodégradables.

Et enfin, contrairement à une idée très établie lorsqu'on produit "de la valeur", on n'est pas tenu de distribuer le fruit de son activité. Cela dépend beaucoup du projet d'entreprise. Si l'on veut devenir numéro un mondial en trois ans, à moins de disposer d'une fortune colossale, on est contraint de "faire appel au marché" par le biais des Bourses et des fonds d'investissement. Ceux-là réclament des revenus sous forme de dividendes. Vite et beaucoup. C'est le raisonnement commun à beaucoup d'entreprises. Ce qui active des valeurs de puissance, de rapports de force et justifie une prédation pratiquement sans limite. Nous, à Pocheco, pensons que la production d'une valeur financière doit servir à alimenter notre développement. L'argent est un moyen d'entreprendre et pas une fin en soi. Car, avant tout, l'entreprise produit du lien social et donne du travail. Elle répond à un besoin.

Pour nous, le prix du produit ne doit pas se construire au détriment des conditions de travail ou d'exploitation du site industriel.

Nous pensons autrement. Nous produisons des résultats uniquement pour les investir dans l'amélioration continue des conditions de travail et l'adaptation aux conditions environnementales, climatiques et du marché. À parts égales.

Écolonomie[1]? *Quèsaco?*

Il est plus économique de produire de façon écologique. Contrairement à ce que beaucoup d'entre nous pensent encore.

---

1. Je trouve ce néologisme pour la première fois dans *Vivre autrement*, publié par Corinne Lepage chez Grasset en 2008. Corinne Lepage signera ensuite la préface de la première version du présent ouvrage, parue en 2012.

Une formule simple. Pour une idée qui fait son chemin dans beaucoup d'esprits. "Économie" et "écologie" en grec ancien sont exactement le même mot : *oïkos*, c'est la maison. *Oïkos* devient "éco". "Logie" et "nomie" signifient "gestion". Littéralement, la gestion de la maison. Avec le temps, les usages ont distendu les liens de sens, au point de croire qu'"économie" s'oppose à "écologie" dont il serait l'exact contraire.

L'écolonomie implique donc que plus aucun investissement n'échappe au triptyque réglementaire : baisser, voire supprimer, la pénibilité ou la dangerosité des postes ; réduire ou carrément inverser l'impact de l'activité sur l'environnement ; permettre de gagner de la productivité, car nous restons en compétition avec de puissants concurrents.

Ce mode de gestion vertueux s'est implanté dans nos esprits et dans nos habitudes progressivement depuis vingt ans. Non seulement il a sauvé l'entreprise d'une fin certaine, mais il a permis de construire un projet collectif, défendu et développé par tous. Il contribue jour après jour à une grande partie du plaisir de travailler ensemble.

Une enveloppe se vend difficilement plus de 1 centime d'euro. Duquel il faut soustraire jusqu'à 97 % de la valeur pour l'achat des matières premières, de l'énergie, du travail, des investissements matériels. Il reste une faible marge brute. Et pourtant. Notre usine fourmille de jeunes et de moins jeunes, les clients sont fidèles, les projets de développement se multiplient. Parfois ces projets sont à but non lucratif, comme notre association pour la distribution de légumes de saison produits localement[1] ou celle qui permet le covoiturage en véhicule électrique[2], ou encore celle pour la reforestation du Nord-Pas-de-Calais[3]. Nous fédérons des talents en ouvrant le débat, en partageant notre lieu de travail avec d'autres corps de métier, des artistes, des jeunes en formation, des agriculteurs

1. Les Paniers de Marianne.
2. Movéco.
3. Canopée Reforestation.

du village, des familles. Nos salaires s'échelonnent de 1 à 4. 1, c'est le SMIC. 4, c'est quatre fois le SMIC. Pas de distribution de dividendes. Nous avons le parc de machines le plus moderne d'Europe dans sa spécialité. Un choix de pauvres. Oui, et fiers de l'être[1] ! Une maintenance préventive, des machines sécurisées, un système de gestion de la qualité, de la sécurité et de l'environnement qui garantissent à l'État et à ses représentants, aux différentes institutions de contrôle, à nos collègues et à nos clients que les lois de notre République sont respectées. Nous nous offrons la garantie, autant que faire se peut, que du travail, nous en aurons jusqu'à la retraite, sans craindre la précarité qui est souvent si proche et si menaçante. Quand nous passons une bonne année (cela nous arrive), nous partageons un tiers du résultat net produit avec l'ensemble de l'équipe.

L'écolonomie, à notre échelle, consiste aussi à réduire de façon drastique notre consommation de ressources fossiles. Nous avons réduit celle de gaz à zéro en dix ans. En groupant nos approvisionnements et nos livraisons, en choisissant le ferroutage et le transport maritime, nous avons divisé par deux le nombre de camions qui roulent quotidiennement pour transporter les 2 milliards d'enveloppes produites par an.

Dans le même souci de respect de l'environnement, 300 000 arbres sont plantés par an, contre 60 000 coupés pour fabriquer le papier des enveloppes Pocheco. Nous permettons de capter plus de carbone que nous n'en libérons.

D'autres que nous peuvent tirer le fil de cette pelote vertueuse, l'écolonomie. C'est même pour cela que nous recevons toutes les semaines des autocars de visiteurs du monde entier et que ce livre s'écrit. Pour partager, amender, débattre, discuter, essayer. Nos choix peuvent se résumer facilement : soit nous nous en remettons aux

---

1. Comme le disent d'eux-mêmes les habitants d'Armentières (Nord) : "Armentières, pauvres mais fiers!"

autres, les décideurs de tout poil, ceux qui ont le pouvoir, cette masse indéfinie dont à la fois nous craignons et désirons la puissance, soit nous reprenons la main pour changer de modèle. Et favoriser l'émergence de solutions vraiment durables et surtout soutenables.

De quoi l'écolonomie est-elle l'antidote ?

C'est principalement le système capitaliste qui régit l'activité économique de la planète. Il s'appuie sur l'idée dite de la "destruction créatrice[1]" et sur l'absence de contrôle de l'économie par les États, perçus comme sclérosant les énergies des peuples à produire des biens. Trop de règles. Il faut libérer. C'est la conviction des libéraux : ils pensent que le système du marché libre se régule par lui-même. La concurrence est régulatrice. Le marché, la compétition, la consommation, l'initiative individuelle produisent plus d'équité que le régulateur étatique.

Cela fonctionne si bien qu'en France, en 2015, 8,5 millions de personnes vivent sous le seuil de pauvreté, soit une personne sur six, au sein de la sixième puissance économique mondiale. On recense entre 3 et 5 millions de chômeurs (selon les modes de calcul[2]). Une partie grandissante de la population est laissée de côté par notre système. Cette situation se dégrade depuis trente ans.

Le système actuel a été imaginé pendant les Trente Glorieuses. Dans une sorte d'euphorie, les hommes ont créé ou relancé des entreprises dans tous les domaines. Exploitant les ressources sans compter. Créant des infrastructures puissantes et centralisées. Le progrès. On n'a que ce mot à la bouche. Il faut créer les conditions de l'installation d'une société moderne. On centralise la production d'énergie en recherchant une forme d'autonomie. Le programme électronucléaire dépend pourtant de carburants fossiles que l'on ne trouve que dans quelques pays d'Afrique. Certains sont d'anciennes colonies. En pleine

---

1. Conceptualisée par l'économiste Joseph Schumpeter.
2. www.alternatives-economiques.fr/trois-ou-cinq-millions-de-chomeurs_fr_art_1266_66173. html.

décolonisation, on soutient des tyrans en contrepartie du libre accès aux ressources. Le progrès qualifie aussi ces grandes firmes chimiques qui reconvertissent, après le conflit, leurs recettes de gaz mortels en les diluant à peine et inventent les pesticides. L'agriculture, comme la distribution d'ailleurs, doit s'industrialiser.

Que reste-t-il de l'idéal qui a présidé à cette formidable débauche d'énergie des Trente Glorieuses ? Un Occident obèse, des pays émergents frustrés, un environnement sociétal dégradé, un climat dangereusement déréglé, des terres polluées, des sources épuisées, des fleuves agonisants, des océans acidifiés (plus de 30 % depuis la révolution industrielle).

Nous n'avons pas su contrôler ni anticiper sérieusement les conséquences de nos actes.

En quoi l'écolonomie permet-elle de contrer cette spirale ? Le lien au vivant. Il faut que notre activité industrielle (dans le cas d'espèce) respecte l'environnement et favorise sa préservation. Cette priorité absolue, puisqu'à notre échelle il s'agit de contribuer à la préservation des conditions de la vie sur Terre, rend caducs l'accumulation des biens, la course effrénée à la croissance, les affres du "tous les moyens sont bons pour atteindre nos objectifs", les tricheries et faux-semblants relationnels. Il s'agit de revenir à soi en abandonnant (si tant est qu'on ait été concerné) les déguisements sociaux qui nous en détournent.

Nous devons nous libérer des dogmes qui engendrent des comportements profondément addictifs. Il y a urgence à s'en saisir et à les démonter.

Le monde occidental (au moins) voue un quasi-culte à l'"économie de marché[1]". Un culte ne se conteste pas. C'est une croyance. Et, dans mon expérience, je remarque que ces raisonnements sont peu contestés dans les milieux d'affaires. Dans le cadre de mes

---

1. Sur ce sujet, lire l'essai d'Hervé Kempf, *Pour sauver la planète, sortez du capitalisme*, Seuil, 2009.

activités industrielles, j'essaie d'aller au contact des entrepreneurs précisément pour proposer des alternatives à la pensée économique conventionnelle.

C'est pourquoi nous avons tenté l'aventure de l'écolonomie avec Pocheco depuis une vingtaine d'années. D'une part, la situation de Pocheco demandait que l'on trouve des solutions viables en dehors des sentiers battus ou des méthodes conventionnelles de gestion capitaliste des entreprises. D'autre part, nous avions lu beaucoup de ces études alarmantes, livres et articles de presse[1], qui n'ont cessé de se multiplier depuis, dont l'objet était de nous alerter sur l'épuisement des ressources naturelles. Dès lors, la détermination à agir à notre échelle a mobilisé l'équipe, et collectivement nous avons remplacé le découragement qui nous atteignait souvent par le développement de solutions alternatives porteuses d'espoir. C'est le diagnostic que nous avons produit dès la fin des années 1990, et ce sont les propositions qui en découlent que je raconte dans les pages suivantes.

C'est pour nous protéger que nous développons Pocheco. Nous ne changerons pas le monde du travail à nous seuls. Mais nous pouvons nous engager à choisir notre manière de travailler : sans subir, et décider que le temps à l'usine est aussi celui qui répare, protège et restaure, qui tisse du lien avec l'autre dans un esprit de lucidité et de loyauté, d'intégrité préservée. Qu'il ne soit pas utile de tricher, de calculer, de jouer au billard à trois ou quatre bandes, que nous soyons dans notre diversité, accessibles à nous-mêmes et aux autres.

Profondément libre et non-violent, je trouve utile de proposer des alternatives. Pas pour le plaisir de la contradiction ou de la polémique. Mais parce que je pense que nous ne pouvons pas dissocier la souffrance d'une partie grandissante de la population et

---

1. Notamment un article de Jérôme Fenoglio intitulé "Alerte à la surchauffe informatique", paru dans *Le Monde* du 23 juin 2007.

– 25 –

le système qui domine la gestion de nos sociétés humaines. On ne peut pas rester sourds et aveugles. Au nom du profit, ne pas regarder l'épuisement des ressources naturelles ou l'épuisement des populations, c'est condamner la société humaine.

Au nom de quelle logique faudrait-il que la brutalité, le calcul, le cynisme et le court-termisme soient légitimes, tandis que privilégier la confiance par rapport à la défiance, la coopération plutôt que la compétition, serait au mieux le vœu pieux d'un rêveur ?

Au terme d'une conférence récente, une auditrice me pose cette question : "On nous dit : Soyez créatifs ! Comment feriez-vous dans votre système managérial ?" Je réponds que, selon notre expérience, la créativité de chacun ne s'épanouit que si l'on crée les conditions de bien-être et de confiance suffisantes. Dès la composition de l'équipe et en privilégiant des rencontres impromptues. On laisse la porte ouverte et on voit qui entre. C'est ma façon de recruter. Un entretien à bâtons rompus. Nous établissons que nous sommes sur un même pied. Une personne cherche un travail, une équipe cherche à se renforcer. Nous avons mutuellement besoin l'un de l'autre. Sommes-nous convaincus à la fin de la discussion que nous aurions du plaisir à travailler ensemble ? Sommes-nous assez sûrs au moins pour tenter de passer quelques semaines ensemble ? Certaines fonctions demandent des qualifications particulières. Mais la plupart du temps nous étudions l'envie de notre interlocuteur. Le courant passe. On se voit. On se revoit. On débute.

Il arrive que, tout à l'excitation de travailler avec un nouveau talent, nous sous-estimions tel aspect qui aurait dû attirer notre attention. Une grande ouverture d'esprit et beaucoup d'empathie font aussi des membres de l'équipe de bonnes victimes ! Il est arrivé que nous découvrions avec stupéfaction des comportements délirants. Dans ce cas on se sépare et, si c'est nécessaire, on se défend.

Le taux de remplacement est faible chez Pocheco, en moyenne nous restons douze ans dans l'équipe. Quand on s'en va, on reste en contact.

– 26 –

Nous aimons la différence et la complémentarité. La confiance prime. C'est-à-dire que l'intégrité, la loyauté, l'énergie et l'intelligence cohabitent chez tous nos interlocuteurs avec l'empathie. Si deux personnes traitent ensemble, il est productif qu'elles assument leurs différences. Si vous relisez le texte écrit par un autre, vous trouvez des fautes que l'auteur ne voyait pas. Le regard neuf. C'est pareil dans la résolution des problèmes techniques ou relationnels. Nous travaillons toutes et tous en binômes ou en trinômes. La complémentarité fait le reste.

Aline vendait des lubrifiants pour l'industrie sidérurgique au Venezuela avant que nous la rencontrions. Mais le projet de Pocheco lui a plu. Elle a choisi de nous rejoindre. Elle parle cinq langues européennes, mais l'informatique l'ennuie. C'était un sujet de quolibets. De guerre lasse, elle a failli renoncer. On s'en parle franchement. Je lui dis que je serais triste qu'elle parte, qu'elle devrait centrer son regard sur des événements d'importance, pas sur des peccadilles. Et puis je lui demande de faire sa place. Comment ? Avec un projet ambitieux et difficile. Créer une enveloppe qui soit absolument 100 % recyclable tout en gardant et même en améliorant ses qualités mécanographiques. Pour dépasser les besoins exprimés par nos clients. Aline se saisit du programme. Organisée, d'un contact facile, elle surmonte les obstacles, questionne les techniciens, synthétise, engage, stimule, et six mois après ses débuts, le produit sort des machines. Aujourd'hui encore, il est notre bestseller et représente 85 % de nos ventes. Rien à voir pourtant entre les lubrifiants sidérurgiques et l'enveloppe de gestion. Qu'importe, ce qui compte est ailleurs, dans l'envie de comprendre et de valoriser le travail collectif, de résoudre un problème.

"Quels moyens donnez-vous ?" me demande encore cette auditrice. Ceux que l'on me demande. Et la liberté d'agir, la confiance *a priori*, le soutien indéfectible quand des vents contraires poussent au découragement. Je ne sais rien faire (sinon, je ne dirigerais pas une entreprise), je n'aime rien tant que fédérer le talent des autres.

Car pour entreprendre, dans la phase de grande transition très instable que ce début de siècle engage, il faut au moins cela : de la liberté, de la solidarité et des talents.

L'écolonomie favorise beaucoup les conditions pour rendre une équipe créative. Puisque nous choisissons de nous défaire (c'est forcément progressif) des faux-semblants et des lourdeurs relationnelles. C'est-à-dire que, chaque fois que l'un d'entre nous détecte un frein, il provoque toutes affaires cessantes un cercle de réflexion ouverte. Rien n'est plus urgent que de se comprendre bien pour continuer d'œuvrer utilement ensemble, plutôt que les uns en opposition aux autres.

Prenons l'exemple de notre comité d'hygiène, de sécurité et des conditions de travail (CHSCT). Il est composé de jeunes volontaires qui choisissent de prendre de leur temps libre pour améliorer les conditions de travail de toute l'équipe. Pour moi, c'est un moment privilégié pour entendre mes collègues me parler d'eux et de notre entreprise, de ses difficultés, et pour que l'on trouve des solutions ensemble. Récemment, après de longs mois de travaux, nous avons avancé l'idée de quelques aménagements pour faciliter l'accès, réduire les risques de collision entre des engins et des piétons du site, diminuer les étapes de préhension d'objets lourds, mieux ranger... En fait, nous travaillons de concert à l'amélioration de nos conditions de travail et nous réduisons simultanément les coûts environnementaux et financiers.

C'est à qui avancera une idée plus efficace. Une personne du bureau pose des questions à une personne de l'usine. La diversité des points de vue oblige à des explications claires. On se reprend, je n'ai pas compris, explique-moi autrement. Formuler à nouveau. Encore. Et la solution évidente tombe. Il suffisait d'exprimer la problématique d'une manière différente.

La créativité ne se décrète pas *ex nihilo*. Les conditions doivent être mises en place. Cela demande de réguliers ajustements et beaucoup de temps. Des moyens, une grande liberté d'action, de parole et de pensée.

– 28 –

L'écolonomie n'est pas un sport de riches qui s'ennuient et cherchent à se désennuyer. C'est un moyen d'entreprendre sans détruire. D'engager une démarche d'un collectif vers plus d'exigence de qualité en se donnant les moyens de la réflexion et du temps pour anticiper les actes. Sortir du modèle du hamster pris dans la course folle de sa roue.

Même pour fabriquer des enveloppes, cette façon d'entreprendre porte ses fruits. C'est dire!

Soit nous travaillons courageusement à inventer un nouveau modèle, soit nous coulerons corps et biens. Un nouveau modèle qui tienne compte de la réalité du monde qui nous entoure, le seul qui nous accueille.

Le capitalisme de prédation est mourant, et c'est une bonne nouvelle! Car les solutions existent pour initier la transition. Il est de notre responsabilité individuelle d'agir. Nous en mettons certaines en pratique depuis vingt ans dans notre entreprise, et ça marche!

Avec près de vingt ans de recul et d'expérimentation, nous pouvons témoigner d'une chose au moins : les conséquences de l'écolonomie sur nos journées de travail sont palpables, concrètes, sur le plan de nos relations entre individus, de la santé au travail, en termes d'efficacité énergétique, de productivité et de préservation des ressources naturelles. Et c'est bien cela que le réalisateur du film et son équipe viennent voir ce 29 août 2014.

"Pocheco écolonomie, une première, moteur, silence! Ça tourne."

2

DES MATIÈRES PREMIÈRES RENOUVELABLES À L'ÉCHELLE DU TEMPS HUMAIN

Je crois à la civilisation de la modération.

PIERRE RABHI, paysan philosophe[1].

Au cœur de la forêt surgit un coléoptère géant.
Février 1998. C'est l'hiver. Le vrai. Au fond de la forêt finlandaise,
au cœur de la saison, le froid brûle. Les hommes ont allumé un feu
de branchages pour chauffer le thé. On est arrivés après plusieurs
heures de route, plongeant toujours plus profondément dans cette
mer de pins, de sapins et de bouleaux. Il ne reste que quelques
dizaines de kilomètres pour atteindre le cercle polaire, le jour rasant
ne dure pas. Il n'allonge pas d'ombres, il épaissit à chaque pas, le
froid fige jusqu'à la lumière. On est frappés du silence et de l'odeur
de résine. Parfois un craquement, un souffle lève un peu la poudre
au sol, les hommes parlent peu, on attend. À nouveau un craquement au loin. On lève à peine la tête. Le thé chaud dans la timbale
serrée dans les mains. Encore un craquement sourd et bref, plus
rapproché celui-là. Puis un autre. Encore un. Un ours ? Ma question
fait sourire Kari. Le craquement se rapproche encore, il est régulier
maintenant, presque rythmé, trop régulier pour un animal, c'est
sûrement mécanique. À la lisière de la clairière où nous tenons ce
camp apparaît, immense et dégingandée, dressée sur quatre pattes
de trois mètres chacune, la cabine de pilotage de l'engin qui semble
sorti d'un film. On dirait le vaisseau mitrailleur blanc, quadripode
impérial de la guerre des drones dans la saga de *La Guerre des étoiles*.
À l'avant, un long appendice métallique tendu de pistons hydrau-
liques se termine par une pince énorme qui pivote dans toutes les
directions sur un axe robotisé. La machine s'immobilise.

La tête de l'axe saisit le tronc d'un sapin par la base. Un bref coup de
scie circulaire, un silence et l'arbre vacille puis s'écrase au sol dans
le fracas des branches et le nuage de sciure mêlée à la neige glacée.

1. In *En quête de sens*, film de Marc de la Ménardière et Nathanaël Coste, 2015.

La tête se met en marche du bas du tronc vers la pointe de l'arbre, active ses dents de scie, et le débardage commence. En quelques secondes, toutes les branches sont séparées du tronc qui gît au sol, mort et dénudé. L'engin lâche sa proie, reprend sa marche lente, hésitante, saisit un nouvel arbre et le manège recommence.

Kari, mon guide, m'explique que l'engin et son chauffeur sont guidés par satellite, que les arbres destinés à la coupe sont sélectionnés et marqués, repérés à l'avance. Chaque parcelle ainsi cultivée est entretenue. En fonction des sols et des zones, après le passage des machines de coupe, le ramassage s'organise pour rapatrier les grumes vers les zones d'exploitation. Les troncs destinés au bois d'œuvre seront séchés à l'air libre pendant plusieurs années ou à l'étuvée (sorte de cocotte-minute géante qui produit de la vapeur à haute température). Puis transformés en charpente ou en pièces pour la menuiserie. Le bois emprisonne et retient le gaz carbonique (CO_2) pendant toute la durée de sa vie, jusqu'à sa combustion ou sa décomposition finale.

Soit le terrain meuble libéré par cette coupe d'éclaircie reste en jachère, et dans ce cas la nature reprend ses droits : la forêt se reconstitue par la pollinisation et la dispersion des graines d'arbres. Soit la parcelle est reboisée. Là, ce sont des hommes qui plantent de jeunes pousses cultivées. Près de mille pousses par jour de travail pour les planteurs les plus entraînés. En moyenne, me précise Kari, pour chaque arbre coupé, trois ou quatre sont replantés, dans le respect de la biodiversité des espèces locales. En Finlande, la forêt couvre 95 % du territoire. Elle se développe de 4 % par an. C'est un puits de carbone.

Le coléoptère géant s'est immobilisé.

Le silence se fait. Je m'étonne de ne pas sentir d'effluves d'hydrocarbures. C'est que l'animal circule au carburant vert. Kari m'explique l'avantage des pattes sur les chenilles : on n'écrase pas les jeunes pousses en circulant.

Devant tant d'intelligence industrielle, une première idée me vient dans le van qui nous reconduit à Helsinki. Je propose à Kari que nous fondions ensemble une association pour la reforestation du Nord-Pas-de-Calais. Je n'atteindrai cet objectif qu'en 2009 : avec Louise, une jeune collègue ingénieur agronome, nous déposerons les statuts de cette association[1] qui met en rapport les entreprises soucieuses de participer au renforcement des corridors écologiques de notre région et les citoyens de ces territoires fertiles mais largement sous-boisés. C'est la terre où l'équipe de Pocheco et moi travaillons, 2 500 kilomètres au sud du territoire que Kari et moi venons de quitter. Ce travail de sélection rigoureuse de notre principale matière première va nous amener, au long de ces vingt dernières années de recherche et de travail, bien au-delà d'un simple acte d'achat raisonné.

2014. Retour une fois encore dans la forêt. En Finlande. Je m'étonne que sur cette parcelle l'engin de coupe roule sur des chenilles. Qu'est devenu le coléoptère géant ? Au musée, m'explique-t-on. Car le temps de déplacement de l'engin était beaucoup trop long. Il faut se figurer que les parcelles à exploiter sont parfois tellement enfoncées dans le territoire, à des kilomètres de toute voie carrossable, que l'acheminement du coléoptère prenait une demi-journée de travail : il était alors déjà temps, pour le conducteur et son engin, de s'en retourner ! On est donc revenu à des moyens plus conventionnels.

Posés sur le couvercle d'une immense cocotte-minute, nous sommes minuscules.

La forêt finlandaise s'étend à perte de vue, à 360 degrés, depuis le sommet de la cuve de 50 mètres de haut qui produit la pâte à papier.

1. Canopée Reforestation plante chaque année 10 000 à 15 000 arbres. Un livre vendu équivaut à un arbre planté dans le Nord-Pas-de-Calais et entretenu pendant cinq ans par nos volontaires. Pourquoi le Nord-Pas-de-Calais ? Parce qu'aujourd'hui encore, cette vaste plaine marécageuse argilo-sablonneuse qui termine le Bassin parisien est très largement exploitée, mais aussi sous-boisée. 7 à 9 % des surfaces sont sous couvert végétal arboré, contre 25 % en moyenne sur le reste du territoire national. Avec des conséquences nombreuses sur la santé, l'air qu'on respire, l'eau qu'on boit, les terres nourricières...

Si les ingénieurs perdaient le contrôle de ce complexe, l'énergie de l'explosion nous réduirait en chaleur et en lumière et enverrait nos atomes en orbite! Partout où se porte le regard, vers les frontières du visible à portée de l'œil humain, des arbres. Le territoire est légèrement vallonné, on dirait un long voile de tissu léger qui ondule au vent. La directrice du site de production m'explique le procédé intégré. La forêt est cultivée dans un vaste rayon d'action et l'usine, placée au centre de sa ressource principale. Avec les résidus de coupe, on récupère les copeaux de scierie. C'est le combustible qui permet de monter la température de la chaudière au-delà de 1 000 degrés – la température requise pour mélanger les fibres et l'eau qui, après séchage, formeront le papier. Pas d'énergie fossile issue de la pétrochimie, donc pas d'émanations toxiques. L'électricité est produite par la vapeur compressée dans d'énormes turbines. Loin de toute zone industrielle, le site est autosuffisant pour l'énergie consommée par la production de la pâte à papier, puis du papier. De récentes recherches ont permis de créer un procédé industriel qui retraite les résidus de la combustion du mélange pâteux. Nouveau débouché pour le site : la production d'un additif très énergétique qui, mélangé au gas-oil, réduit de près de 20 % les émissions de polluants des moteurs thermiques.

La ressource forestière n'a pas livré tous ses secrets. La fibre issue du bois non plus. Nous continuons le tour de ce phalanstère industriel ultramoderne. Je suis frappé par la faible fréquentation du lieu. Nous croisons parfois un technicien à vélo qui circule dans l'usine sur un sol immaculé, dans une atmosphère quasi liquide tellement le taux d'humidité est élevé. La machine à papier mesure près de 350 mètres de long, 15 mètres de haut et 20 de large. On m'explique que l'usine a été construite autour de la machine. Le papier en formation défile de rouleau de séchage en rouleau de compression à la vitesse d'un guépard au sprint. En bout de chaîne, la bobine de papier pèse 23 tonnes, il s'en produit une par heure. La feuille mesure plusieurs centaines de kilomètres de long et 15 mètres de large.

– 34 –

Après apprêtage et conditionnement, le papier est chargé sur des wagons. Le chemin de fer passe dans l'usine. Le train roule pendant 70 kilomètres vers le port. Les bobines sont chargées sur un supertanker. Après quelques jours de mer, le temps de descendre le golfe de Finlande et de rejoindre la mer du Nord, la marchandise est débarquée à Anvers, en Belgique, avant de finir son périple par la route pour arriver chez nous. Le bilan carbone de la production puis du transport du papier, dans les conditions décrites, est particulièrement faible et donc avantageux pour toute entreprise industrielle qui se préoccupe de réduire l'impact de son activité sur l'environnement[1].

Forcément, à fréquenter les méthodes industrielles, on s'inspire. Surtout quand on considère que les ressources s'épuisent et qu'au contraire des hydrocarbures ou des métaux rares qui composent nos objets électroniques, la forêt bien gérée et ses débouchés ouvrent des perspectives de production non polluantes.

C'est l'enjeu pour l'industrie du XXIe siècle. Soit elle se fond dans le paysage naturel en respectant les ressources, l'environnement et le climat[2], et elle trouvera les moyens de sa pérennité. Soit elle continue de déverser ses déchets souillés et toxiques dans les terres, les eaux et les airs, et la dégradation de notre environnement rendra toute forme connue de vie impossible à courte échéance.

Forts de ces convictions, chez Pocheco, en vingt ans nous avons tout changé. Puisque nous sommes trop pauvres pour acheter de la mauvaise qualité, nous employons le meilleur papier possible. Qu'a-t-il de meilleur ? Tout. Sa machinabilité, d'abord. Il passe dans nos

1. Source : bureau d'études Canopée Conseil, analyse du cycle de vie réactualisée tous les ans depuis 2009.
2. Le glaciologue Claude Lorius démontre, dans son très bel ouvrage *Voyage dans l'Anthropocène* (Actes Sud, 2011), que les glaces de l'Antarctique, en emprisonnant l'air des décennies et siècles passés, ont aussi gelé les émanations de gaz liées à la transformation du pétrole. On voit clairement l'effet dans l'air des révolutions industrielles, de la déforestation et de la surexploitation des ressources océaniques.

machines de fabrication d'enveloppes sans casse, donc sans provoquer d'arrêts intempestifs, sans empoussiérage non plus. Il n'encrasse ni les cylindres ni les roulements. Car, à l'origine, sa recette ne contient que peu de charge, ces minéraux en poudre ultrafine qui font l'opacité et la blancheur du papier des enveloppes que le public reçoit de sa banque. Travailler ensemble pour que la recette soit non toxique, c'est se garantir que le recyclage du produit en fin de vie sera plus simple et non polluant. Le papier représente près de 50 % du coût d'une enveloppe. L'enjeu est important. Sur le plan des coûts financiers, mais aussi sur celui des coûts environnementaux. Si on évoque plus facilement la question économique, souvent présentée comme tellement essentielle qu'on finit par en oublier tout le reste, la question de l'impact sur l'environnement touche pourtant assez directement la santé des gens. On ne peut pas faire abstraction de la complexité en privilégiant un seul angle de vue.

Et si nous ne faisions pas le choix de l'écolonomie en achetant notre papier, qu'adviendrait-il ? Quelles seraient les conséquences ? Nous pourrions faire venir des conteneurs de papiers produits en Amérique du Sud ou en Asie. Ils commenceraient par voyager longtemps sur les océans. Il serait plus difficile de réaliser un accompagnement précis des productions par la traçabilité, par exemple. Mais il existe des acheteurs pour croire que seul le prix d'acquisition compte. Ceux qui achètent un prix. Pas un savoir-faire, pas une qualité, pas un engagement, pas une traçabilité, seulement un prix. Ceux-là considèrent peu ou prou que tous les papiers se valent, que toutes les productions sont équivalentes. Le papier dans leur esprit est un bien de consommation relativement banal, qu'il convient d'obtenir au plus bas prix. Inéluctablement, ces méthodes ne tendent rapidement qu'à rogner la qualité et à dégrader le produit fini. À long terme, comme c'est le cas pour notre marché de l'enveloppe, ces procédés aboutissent à la disparition pure et simple de l'activité.

Un acheteur m'a expliqué cela, il y a une dizaine d'années.

"Nous", annonçait-il, très sûr de lui, dans une grande salle de réunion qui sentait un peu la moquette moisie, "nous achetons des volumes très importants, parmi les plus importants du marché, vu notre position de leader. Mes objectifs sont clairs. Nous devons toucher le papier au meilleur prix. Pas plus tard que la semaine dernière, j'ai eu l'opportunité d'acheter un conteneur[1] qui voyageait sans destination précise. Au terme d'enchères inversées[2], j'ai remporté le lot."

Devant mon étonnement, il continue : "Ce que me demande mon patron – je suis au comité de direction –, c'est un prix. [...] Le mur entre les achats et la production est étanche et très haut. [...] La production produit. Moi, j'achète. Les commerciaux vendent.

— Oui mais... Si la qualité ne correspond pas à la demande de votre client, enfin du client de votre commercial?

— Eh bien, c'est le problème du commercial. En général, il fait un effort supplémentaire sur le prix de vente et tout rentre dans l'ordre.

— Et si la qualité dégrade la productivité de l'usine?

— C'est le problème du directeur de production.

— Mais qu'advient-il de la traçabilité et des engagements quant à la provenance du papier? La forêt est-elle certifiée? Le bois provient-il de coupes légales? Des arbres sont-ils replantés?

1. Certaines sociétés se font une spécialité de laisser voyager sur un navire porteconteneurs des marchandises que des négociateurs vendent et rachètent au plus offrant pendant leur transport. Très appréciées des spéculateurs pour les hydrocarbures, tel le pétrole brut, ces méthodes ont apparemment aussi été mises en œuvre pour le papier. C'est en tout cas ce que m'explique cet acheteur pendant le rendez-vous que je décris.

2. Enchères inversées : ce procédé tend heureusement à disparaître dans les services d'achat. Il consistait à convoquer pendant une période limitée des fabricants autour d'une plateforme virtuelle. Des lots de produits faisant l'objet d'une présélection technique étaient regroupés et chaque intervenant, enregistré de manière anonyme via les participants mais officiellement référencé auprès du donneur d'ordre, proposait une offre pour chaque lot. À chaque nouvelle offre, au contraire d'une enchère classique, les montants proposés devaient baisser. Les niveaux atteints par ces méthodes étaient simplement intenables pour la rentabilité des entreprises. Nombre d'entre elles ont connu de lourdes difficultés financières avant de décider de ne plus participer à ce type d'enchère.

— Ces questions, termine le directeur des achats, sont subalternes. Mon patron veut un prix, je lui donne ce qu'il veut[1]."

J'étais venu rencontrer ce fabricant pour lui proposer nos services en sous-traitance et je suis reparti sans commande, presque soulagé, mais avec la promesse que, lorsqu'il aurait racheté Pocheco – car il en était certain, il rachèterait Pocheco –, je pourrais bénéficier à mon tour de ces conditions de travail. Je n'ai pas précisé qu'à cette époque-là, nos concurrents étaient préoccupés de croître par tous les moyens.

Depuis, ce groupe a déposé le bilan. Plus de cinq cents salariés ont perdu leur emploi.

Quelques années après le début de mon mandat, alors que nous traversions une période difficile, en plein mois d'août, un chef d'équipe m'interpelle avec véhémence : "Si vous n'arrêtez pas d'acheter le papier X, l'atelier va se mettre en grève." Nous équilibrions nos commandes à parts presque égales entre trois fabricants. Tous nous garantissaient une qualité, une traçabilité et un service quasi irréprochables. Les prix variaient au rythme habituel de la spéculation sur le marché mondial du papier, ou plutôt de la pâte à papier, mais l'écart d'un producteur à l'autre était relativement faible. Le papier qui pose problème ce jour-là, et c'est le cas apparemment depuis plus d'une semaine mais je ne m'en rends compte qu'à ce moment-là, est une marque avec laquelle nous travaillons très bien depuis longtemps. La recette est fiable et la qualité très régulière.

Mais ça, c'était avant. La nouvelle situation à laquelle nous sommes confrontés, c'est un papier mou qui ralentit considérablement nos machines et qui dégage une poussière abondante, rendant l'entretien très difficile. Les cellules électriques s'encrassent, les alarmes

---

1. J'ai conscience de ce que le propos rapporté peut sembler caricatural. Malheureusement, il n'en est pas moins le reflet exact de l'expérience et de la discussion que j'ai vécues.

résonnent plus souvent, le rythme baisse, les opérateurs stressent, les quantités produites doivent être contrôlées et ne correspondent plus aux engagements que nous avons pris avec nos clients. Pourtant, nous ne cherchions pas de fausses économies. Devant un changement intempestif de recette papetière, dont le fabricant ne nous avait pas prévenus et dont il a nié jusqu'à la rupture qu'elle ait pu survenir, notre réaction fut de changer nos sources. De manière définitive.

Car, si nous poursuivons le processus, nos enveloppes molles et empoussiérées, livrées chez notre client, passent à leur tour dans des machines électromécaniques, précises, sophistiquées, rapides mais très sensibles. Truffées de capteurs, que la poussière vient rapidement encrasser puis bloquer. Nos clients adressent des factures par la poste au moyen de nos enveloppes. Si la qualité ralentit l'adressage, c'est la trésorerie de notre client qui est affectée.

Imaginons un client qui adresserait un million de factures par jour (le cas existe réellement), d'une moyenne de 60 euros par facture. Imaginons encore que 10 ou 15 % de la production du jour soit retardée d'une journée pour les causes évoquées. Ce sont rapidement près d'une dizaine de millions d'euros qui ne sont pas adressés à temps et qui rentrent avec du retard dans les comptes de l'opérateur.

Petites imprécisions, grandes conséquences en fin de chaîne!

Travailler de façon "écolonomique" n'est donc ni un choix ni un luxe : si nous souhaitons pérenniser notre activité, c'est la seule option valable. Il faut exiger le meilleur et s'en donner les moyens. On réduit ainsi la gâche, le temps perdu et les coûts liés à la perte de confiance d'un client.

Quand, quelques mois après cet épisode, un client "grands comptes" me demandera, au cœur d'une négociation tendue, si je suis certain, vu le décalage de nos prix par rapport à ceux de nos concurrents, que nous ne proposons pas de la "surqualité", pour le convaincre du contraire et de l'importance d'investir dans de la qualité sans faille, je lui raconterai l'épisode que je viens de présenter. Et nous perdrons le marché !

Mais, trois mois plus tard, ce client m'appellera et me proposera de faire affaire ensemble à nouveau en suivant une procédure accélérée ! C'était il y a quinze ans, nous produisons toujours pour cette entreprise.

Si le papier est au cœur des préoccupations d'une usine d'enveloppes, l'encre utilisée l'est tout autant. C'est pourquoi nous avons rapidement décidé de nous attaquer au problème de sa toxicité. Quand on fabrique 2 milliards d'enveloppes par an, on consomme aussi des milliers de litres d'encre d'impression. Quelles économies l'attention particulière portée à la santé au travail et à l'environnement permet-elle ?

2015. Le réalisateur du film et son équipe sont de retour, au cœur de l'hiver, pour compléter les prises de l'été dernier, avant de terminer le tournage. Robin, l'ingénieur du son, tend son gros micro poilu vers les machines. Il ne dit rien, mais il a l'air d'avoir trouvé ce qu'il cherchait. Un son. Un rythme. Il se dirige vers la salle des pompes. Toujours l'air absorbé. Puis retourne vers les machines.

Celle-là se relance après un entretien. Le rythme est régulier mais lent. Le claquement du métal sur la contrepartie de céramique du cylindre produit un effet presque hypnotique. Tchac, tchac, tchac, le rythme s'accélère maintenant, c'est l'aspiration qui domine, ffffffffff, tchac, tchac, ffffff, puis woof. C'est l'arrêt. Julien, le technicien en charge de cette machine longue de 25 mètres, s'active, plonge dans les entrailles du monstre d'acier, retire des enveloppes qu'il jette d'un geste mécanique derrière lui dans la poubelle de recyclage, puis presse le bouton, et c'est la relance. De nouveau le rythme, d'abord lent puis saccadé, il vérifie que tout est en place, ça y est, les sons mêlés ne sont plus distincts les uns des autres, d'ailleurs le vacarme signale que la machine est à pleine vitesse, encore quelques secondes et les premières enveloppes surgissent en bout de chaîne, encore chaudes du séchage. Les capots sont rabattus, les sons assourdis, Robin s'éloigne, l'air toujours ailleurs, il cherche, s'oriente vers la salle des encres, s'immobilise. Là, c'est le calme. À peine un souffle, on dirait le bruit d'un respirateur artificiel.

Mélody, notre accompagnatrice à ce moment-là du tournage, explique : "Ici vous n'entendez presque rien mais surtout vous ne sentez rien. Pourtant nous sommes dans la salle où s'opèrent tous les mélanges de couleurs pour nos impressions. Nos clients demandent un dessin et des teintes précises pour respecter leur charte graphique. Depuis que nous sommes passés aux encres à base d'eau, nous mélangeons les teintes primaires et ajustons nos couleurs au Pantone près. On nous livre moins souvent, ce qui réduit ainsi la circulation de nos matières premières sur les routes, et en plus grande quantité. Avant, on nous livrait un conteneur par teinte. La machine pèse au gramme près les couleurs et l'ordinateur calcule le mélange exact avant de pomper les quantités requises directement dans les fûts. En procédant avec précision, nous revendiquons 25 % d'économie au budget des encres à l'année en comparaison d'un système conventionnel. Moins de gâche. Les fonds d'encrier, quant à eux, sont récupérés et, mélangés à nouveau, produisent un gris standard."

1998. Dans l'atelier de la rue des Roloirs (c'est l'adresse de Pocheco, la fabrique d'enveloppes). Philippe porte à chaque bras un seau maculé qui contient 10 litres d'encre de la couleur requise pour sa production. À chaque mouvement, les seaux dodelinent. Il me fait l'impression de Perrette et son pot au lait de la fable de notre enfance. Mais la réalité est moins poétique. Philippe porte des gants jusqu'aux coudes et un masque respiratoire pour filtrer l'atmosphère. Nous ne pénétrons pourtant pas dans une salle blanche ni dans une usine d'agroalimentaire, il ne s'agit d'ailleurs pas de protéger l'environnement de contaminations humaines, mais bien de se protéger contre la nocivité des émanations. Au sol, l'atelier est étanche et équipé pour éviter un épandage accidentel.

À cette époque, nos encres sont formulées à base de solvants, elles contiennent des pigments toxiques. La chimie lourde appelle plus de chimie lourde quand il s'agit de nettoyer nos bacs d'encre au changement de production. La gestion des eaux usées mobilise toute notre attention. Elles sont réservées dans une cuve étanche, elle-même posée sur un bac de rétention. Puis, une fois par mois environ, un camion-citerne pompe le liquide avant de le livrer pour dépollution à un opérateur spécialisé.

1999. Frappé par tant de risques et par la complexité de ces nombreuses manipulations, je demande à Franck, notre chercheur-trouveur maison, s'il n'existerait pas des produits plus simples d'utilisation. Dans l'idéal des encres à l'eau, des pigments naturels, sans métaux lourds, sans toxicité, sans risque pour la santé ni l'environnement. Franck trouve. Il travaillera avec l'équipe pendant près d'une année, connaîtra des moments de doute et presque de découragement devant les volumes de mousses produits par les mélangeurs de ces nouvelles recettes. Mais il aboutira au résultat dont nous jouissons encore actuellement.

2015. Mélody reprend : "Comme les formules sont simplement à base d'eau et de pigments naturels, que les métaux lourds sont exclus, nous ne portons plus de masques ni de gants, nous nettoyons les bacs avec de l'eau de pluie et du savon de Marseille."

Bien entendu, au moment du changement de formule en 1999, le coût financier a été porté par l'entreprise. Les quantités de départ n'étaient pas suffisantes pour que notre producteur puisse revenir à des tarifs raisonnables. Mais cela n'a duré que le temps d'une année. Dès que le traitement expérimental est devenu industriel, les coûts économiques ont été revus à la baisse.

Pour les opérateurs, l'essentiel n'est pas là. Rien n'est aussi important que de travailler désormais dans une atmosphère respirable et non dangereuse.

Plus de camions-citernes. Moins de transports. Pas de risque. Des coûts en baisse. La vitesse des machines augmentée. Une station de préparation contrôlée. Sur tous les plans, l'écolonomie montre son visage serein et porteur de bien-être au travail.

Croyez-vous que ce modèle ne puisse pas être appliqué à beaucoup d'autres opérations industrielles ? Pensez-vous que ces raisonnements ne vaillent que pour le domaine limité de la production d'enveloppes de gestion ?

Si je prends des exemples aussi précis – le papier, les encres –, c'est parce que nous sommes absolument convaincus du contraire. Tous les domaines de l'activité industrielle sans aucune exception sont concernés par l'écolonomie.

Car, je le répète, c'est un choix de pauvres. Nous sommes trop pauvres pour nous offrir des produits toxiques difficiles à manipuler, à nettoyer, à éliminer.

C'est aussi une question de choix fondamental. Nous privilégions le moyen ou le long terme par rapport au court terme. Nous nous dotons des instruments du progrès en choisissant des critères qui donnent la priorité à la santé, à l'innocuité, à la protection des collègues et de leur environnement immédiat, à la réduction des volumes consommés, même quand il s'agit de produits non toxiques, et finalement les prix baissent et nous gagnons aussi de la productivité. Donc de la compétitivité. Le mot est lâché !

C'est maintenant le cliquetis des percolateurs de colles centralisés qui arrête l'attention de Robin, toujours affairé à chercher des sons caractéristiques de notre activité pour proposer une illustration sonore du film au montage. À nouveau, il tend son micro. Et capte le son de cette zone de préparation.

À leur tour, les colles ont connu des modifications de formules. Mais pourrait-on croire l'enchaînement de conséquences négatives nées d'une seule mauvaise décision ? Voyons plutôt.

Dans les années 1990, le fort lobby des transformateurs des résidus d'hydrocarbures (pétrole) se met en tête de proposer aux fabricants d'enveloppes des fenêtres en plastique. Pour une enveloppe, la fenêtre n'est certes pas obligatoire, mais elle permet d'imprimer l'adresse du destinataire sur le document plié conditionné et elle participe à l'industrialisation du traitement du courrier par le système postal. Car si l'adresse qui apparaît sous la fenêtre est saisie à l'ordinateur, pour peu que le pavé soit correctement positionné pour apparaître clairement, les systèmes de lecture optique automatisés traitent le courrier encore plus vite et sans rejet. Jusque-là, la lecture automatisée était programmée pour traiter des plis aux fenêtres réalisées en papier cristal. Ce papier est légèrement opaque, moins brillant et moins transparent que le plastique proposé par les pétroliers. Qu'importe, puisque les lecteurs optiques sont conçus pour lire au travers du papier cristal.

Les pétroliers déploient leurs arguments. Le plastique, c'est fantastique ! C'est transparent, on voit au travers à l'œil nu. Pour le traitement industriel, cela n'a pas d'intérêt, mais ils s'adressent à des acheteurs et la proposition est argumentée : des prix attractifs en baisse en comparaison de ceux du papier cristal. En quelques années, l'inversion est actée. Toutes les fenêtres sont en plastique.

Seulement, nous découvrons plusieurs inconvénients. D'abord, coller la fenêtre en plastique sur le corps en papier de l'enveloppe demande une nouvelle colle dont la formule comporte des solvants. Ce n'est pas le cas des colles à l'eau qui permettaient de fixer la fenêtre en papier sur le corps de l'enveloppe. Pourquoi compliquer un processus simple en développant des réponses chimiques à des problèmes qui n'avaient pas lieu de se poser ?

Car personne ne se plaignait du papier cristal. Et surtout pas le service de recherche technique de la Poste française, dont toutes les analyses démontraient que le taux de rejet du courrier, trié automatiquement à haute fréquence dans ses centres ultramodernes, était plus élevé pour les fenêtres plastique ! Car, si l'œil humain voit mieux au travers du plastique translucide, les caméras, elles, sont ralenties par le reflet inhérent au plastique, inexistant sur le papier cristal[1].

---

1. Selon l'étude menée par le service de recherche technique de la Poste.

Qu'à cela ne tienne. Changeons les caméras.

Nous devons heureusement au professionnalisme des chercheurs de la Poste de n'avoir pas cédé. Les coûts de modification de leur parc de caméras auraient été très élevés. Pour perdre de la productivité.

Dès qu'au tournant des années 2000, l'équipe de Pocheco s'est saisie du problème, la décision d'accompagner le fabricant de papier cristal nous a semblé évidente. Finalement, non seulement nos enveloppes passent parfaitement dans le système postal, mais nous avons réduit le nombre de références de colles. Nous utilisons par exemple la même colle à base d'eau pour fixer la fenêtre et pour les pattes latérales de l'enveloppe (celles qui se positionnent sous le corps replié d'une enveloppe, permettant de la constituer). À la fin de l'année, ce sont de belles économies de temps, de chimie inutile et un gain financier évalué à 15 % du coût global des colles.

Écolonomie encore. Nous gagnons sur tous les plans. Simplification. Baisse de la pénibilité et du risque au travail. Baisse du risque pour la santé de nos collègues et pour les destinataires des courriers diffusés par nos clients "grands comptes". Baisse du risque pour l'environnement. Gains de temps. Volumes plus importants, meilleure centralisation. Gains de productivité et baisse des coûts économiques. Que demander de plus ?

"Mais d'où vous viennent ces idées ?" me demande notre visiteur de l'équipe de tournage.

D'abord, nous avons beaucoup appris de l'observation de l'exploitation de la forêt : le cycle vertueux développé par l'équipe du papetier, qui a permis de réduire les consommations d'énergies fossiles jusqu'à les supprimer carrément. Ces recherches sont orientées vers la double question de la baisse des coûts économiques ou de leur stabilisation et de la baisse de l'impact sur l'environnement. En brûlant les déchets de la forêt qu'ils entretiennent eux-mêmes, nos industriels maîtrisent les coûts de l'énergie et ne consomment que des ressources naturelles, renouvelables à l'échelle du temps humain.

Ce ne serait pas le cas pour des énergies fossiles telles que le gaz ou le pétrole : les industriels finlandais nous ont montré qu'il est possible de gagner sur tous les tableaux ! Il devient alors prioritaire et même urgent de s'inspirer de ces méthodes.

Ensuite, nous sommes entraînés les uns par les autres dans l'équipe. Une idée surgit. On en débat. L'idée première s'affine. Le débat s'intensifie. On continue. On pense. On dort une nuit. Le lendemain, à nouveau, on en débat. Puis très rapidement nous testons notre projet. On dirait parfois que découvrir les clés de l'écolonomie est un jeu. Nous serions dans une jungle épaisse et relativement hostile. Comme une équipe d'explorateurs.

Qui a dit que le changement était une contrainte ? C'est aussi un plaisir renouvelé en permanence et c'est extrêmement stimulant.

Enfin, il arrive qu'une discussion avec un client nous ouvre des perspectives inattendues. Dans la banlieue de Limoges en août 1999, le soleil de fin de matinée écrase les ombres, l'air est lourd, et je ne sais pas dire si c'est le trac que j'éprouve pour la rencontre à venir ou l'atmosphère, mais la tension est à son maximum. L'enjeu est important. Je dois rencontrer ces deux clients potentiels au plus vite, pour les informer de l'investissement que nous venons de réaliser dans une nouvelle technique de conditionnement des enveloppes de gestion.

Pour faire court, depuis que l'enveloppe existe, elle est conditionnée dans des boîtes de carton que d'un côté des opérateurs ferment, tandis qu'à destination les mêmes boîtes sont ouvertes par l'utilisateur ultime. Or, les volumes consommés par cet opérateur majeur du marché, le client, sont de l'ordre du demi-milliard d'enveloppes par an. Pour de telles quantités, il est intelligent de se demander si l'on ne pourrait pas créer un système de conditionnement automatisé qui réduise ou annule carrément la manipulation.

Justement, un groupe d'entreprises du secteur a développé un conditionnement en bobine. À la sortie de machine de production, les enveloppes sont enroulées par 50 000, maintenues entre elles

– 46 –

par un ingénieux système de courroies. Chez l'utilisateur ultime, la bobine est déroulée en sens inverse, libérant ainsi les enveloppes, qui peuvent alors subir le traitement éditique – c'est-à-dire l'insertion à haute vitesse de factures ou de relevés de compte imprimés de manière industrielle sur des machines à haute vitesse.

Le moins que l'on puisse dire, c'est que ce système nous a tapés dans l'œil et, nonobstant de probables difficultés de réglages au commencement, nous avons immédiatement investi. On a réinventé la roue! C'est en substance ce que je viens annoncer à Limoges.

Extrêmement sceptiques. C'est nettement l'impression que je relève chez mes interlocuteurs. Je suis passé à la question. Qui suis-je? Quelle est cette entreprise Pocheco dont ils n'ont jamais entendu parler? Ai-je vraiment acheté la machine? Ou bien est-ce que nous participons à une sorte de "bêta test" en attendant de voir si nous remportons le marché subséquent? Bref, ils ne me croient pas.

Cette technique de conditionnement apporte pourtant beaucoup d'avantages à nos clients potentiels et pas moins à nous-mêmes, fabricants.

D'abord, il n'y a plus de manipulation. Il faut se figurer qu'une boîte d'enveloppes industrielle pèse en moyenne 10 kilogrammes. Elle contient 2 000 enveloppes qui sont produites sur nos machines en une minute. Nos opératrices travaillent près de huit heures par jour. Certains jours, elles conditionnent et portent 600 kilogrammes par heure, soit 4,8 tonnes par jour. Cela, cinq jours par semaine pendant quarante années de travail. On comprend que notre préoccupation porte sur la question des troubles musculo-squelettiques. Ici chez le fabricant et là-bas chez l'utilisateur. Avec cette roue d'enveloppes, le problème disparaît.

Ensuite, il n'y a plus ni emballage carton ni déchets d'emballage carton. Ce n'est pas faire insulte à mes clients que de dire que l'espace, dans les sites de production, est calculé au plus juste. D'autant moins que c'est le cas chez nous aussi. Toutes les heures, ce sont

60 boîtes non utilisées, on économise donc jusqu'à 480 boîtes par jour. Que l'on ne doit plus, non plus, démonter ni jeter à l'arrivée. Enfin, en créant les conditions d'une production régulière, les sites équipés gagnent en moyenne 15 % de compétitivité.

Les roues d'enveloppes sont solidement posées sur un chariot, par deux, et les chariots voyagent en camion, pleins dans un sens et vides dans l'autre car ils sont consignés au retour. À l'usine nous les recevons vides, les nettoyons et les préparons pour une nouvelle expédition d'enveloppes. Et le manège recommence tant que se poursuit le marché.

Cette écolonomie est considérable, nous gagnons sur tous les plans recherchés. Baisse de la pénibilité du travail. Baisse de l'impact sur l'environnement. Hausse de la productivité.

Cerise sur le gâteau : nous gagnons des parts de marché hors de France.

Quant à notre client potentiel français, il nous a attribué le contrat et nous travaillons toujours pour lui près de vingt ans plus tard.

En synthèse, il apparaît que changer de modèle économique peut se faire dans le temps en entretenant une certaine sérénité. À condition de s'en donner les moyens, par un investissement régulier et permanent. Le résultat produit par le travail est réintroduit dans l'outil de travail. Changer de modèle économique est hautement possible, dans le cas d'espèce, passer d'une époque de surconsommation tous azimuts, tendue par la raréfaction des matières et du travail, à une économie de la circularité.

Ce changement important se fait aussi en observant attentivement des modèles développés par d'autres. Ce livre n'a pas d'autres ambitions que d'ouvrir le champ des possibles en permettant ce que les Anglo-Saxons appellent le *benchmarking*. Il consiste à transposer à une activité x les solutions appliquées à une activité y et à observer le résultat. Il faut une ligne directrice, c'est-à-dire un projet fédérateur, des convictions solides, des moyens financiers autoproduits, du temps et surtout une très bonne équipe.

En suivant le fil du principe productif : la forêt, la pâte à papier, le papier et son transport, l'encre, le cristal de la fenêtre de l'enveloppe, la colle, nous abordons maintenant la question principale des énergies.

3

L'ÉNERGIE D'ORIGINE NATURELLE, NI FOSSILE, NI FISSIBLE

Ensoleillée du Nord au Sud, balayée par trois grands
régimes de vent, disposant d'un sous-sol riche en géo-
thermie et couverte de la plus grande surface de forêt
d'Europe… la France dispose d'un atout exceptionnel : son
potentiel de production d'énergies renouvelables.

ASSOCIATION NÉGAWATT,
Manifeste négaWatt[1].

Nous sommes en 2011, nous recevons ce jour un financier qui vend un parc éolien situé à une cinquantaine de kilomètres de notre site de production d'enveloppes. Notre interlocuteur passe présenter son offre entre deux TGV, il est attendu à Londres, place financière et siège de son organisation, pour la soirée. Chaussures pointues en cuir fin ciré, costume extrêmement ajusté et certainement taillé sur mesure, cravate et pochette assorties, chemise à col deux boutons, je reconnais même l'effluve raffiné d'*Arabie* de Serge Lutens. Bref, chez nous, il ne passe pas inaperçu. Notre environnement direct, c'est la ferme de M. et Mme F., agriculteurs qui élèvent une centaine de bœufs charolais. Par la fenêtre entrouverte du bureau où nous recevons ce dandy, des mouches volettent bruyamment qui, quelques instants avant, devaient s'affairer sur une riche bouse. Parfois, un charolais envoie dans l'atmosphère paisible de l'après-midi un bruyant "meuh". Bref, notre dandy, pas perturbé par la situation, entame une présentation de son offre de reprise de son parc éolien. Langage tellement châtié qu'il pourrait sembler ampoulé à un observateur ironique ou moqueur. Rien n'arrête le flux.

Parfois, un mot anglais surgit, parfaitement prononcé par notre petit lord. Il continue. Je confesse que j'ai décroché depuis longtemps. Je m'amuse intérieurement tout en me demandant s'il ne se moque pas un peu de nous. Mon inculture de la chose financière me rend certainement paranoïaque. D'autant que le type est aimable et qu'il continue sur un ton presque enthousiaste. Diable d'homme.

1. Actes Sud, 2012, p. 181.

Je suis maintenant complètement perdu. Stop. C'est brutal mais bougrement efficace. Je viens de l'arrêter. Monsieur, pourriez-vous m'expliquer votre proposition comme vous le feriez à un enfant de six ans ? Toujours amène et parfaitement maîtrisé, mon Oscar Wilde de compétition m'explique en somme que les subventions lui ont permis d'acquérir le parc éolien en ne déboursant pas un euro, que les machines ont produit, avec de l'énergie, beaucoup de revenus, qu'il est temps désormais d'engager de coûteux frais d'entretien et qu'il est prêt à céder le tout à un bon prix. Étant entendu que les subventions sont épuisées et qu'il ne se sent pas l'âme d'un industriel pour s'engager dans la maintenance du parc. En somme, il cherche à fourguer à bon prix des machines dont il a tiré ce qu'il pouvait. Il vend ces éoliennes et ne fait pas mystère que la question environnementale ne l'a intéressé que parce qu'elle présentait de réelles opportunités de s'enrichir et de faire fructifier son fonds. Il oriente désormais son intérêt vers la méthanisation.

Nous n'avons pas donné suite.

Fin janvier 2015. Dans la salle du restaurant du petit hôtel proche de Cherbourg où je viens d'arriver tardivement, la tempête de vent siffle aux encoignures et aux interstices de toutes les ouvertures pourtant bien calfeutrées. Sensation douillette de confort précaire : on a l'impression qu'une rafale plus violente pourrait arracher la toiture, mais pour l'instant on est bien au chaud. Protégés. Jusqu'ici tout va bien. Pourtant, tout à l'heure ou demain, le vent pourrait être d'origine humaine. Nous sommes si près de l'usine de traitement du combustible nucléaire de La Hague.

Comme par un fait exprès, j'ai emporté dans ma valise deux livres pour cette soirée. Celui de Ruth Stegassy qui reprend un certain nombre de ses entretiens sur France Culture[1], et je m'arrête

1. *Usurpations contre nature*, Actes Sud, 2012.

d'abord sur le récit de son approche difficile du site nucléaire de La Hague. Et, pour maintenir une ligne directrice pour ma soirée, le *Manifeste négaWatt*.

Tandis que j'attends la serveuse, je plonge dans le livre. Mais mon attention est détournée par une conversation. Quelques tables derrière moi – la salle est presque vide –, on devise aimablement et à haute et intelligible voix. Je comprends vite que l'hôte étranger travaille pour une représentation de son pays en France et qu'il a accepté l'invitation d'un commercial d'Areva. Les présentations sont faites. On se dit le plaisir que l'on a à se rencontrer. L'attaché d'ambassade présente sa collaboratrice. Le point se fait sur le lieu où l'on se trouve, d'abord. Rapidement, on fait le tour du port militaire. On évoque Brest. Le vent. Cherbourg à nouveau. Et le chantier de l'EPR de Flamanville. Je ne révélerai pas ici de secrets industriels lourds. Je n'en ai pas entendu. Mais j'ai été frappé par la banalité de la conversation. Le commercial aurait parfaitement pu vendre du beurre ou des enveloppes (au hasard). Rien, dans son discours, ne différenciait ses propos d'une conversation de bon niveau autour de la promotion d'un produit. Banal.

Comment vendre la technologie nucléaire de l'EPR de Flamanville peut-il être banal à ce point ? Puis-je réfléchir au sujet de l'énergie dans le cadre de notre recherche d'écolonomie sans traiter de la question du nucléaire ? Si je l'aborde, le risque existe soit que j'effarouche les anti, soit que j'exaspère les pro. Car voici bien un sujet que tous les Français maîtrisent parfaitement, tant l'avis de chacun est arrêté et définitif. C'est au moins ce qui m'apparaît chaque fois que j'essaie de lancer le débat.

D'où est-ce que je parle ? Mes connaissances limitées sont livresques. Uniquement.

Pour choisir nos orientations, chez Pocheco, nous commençons presque toujours par une recherche documentaire... Dans les livres. Pour le mix énergétique de l'usine, par exemple. Nous partons avec

Franck, Élodie et Yazid[1] d'une intuition, ils prennent des renseignements auprès des instances officielles comme les services publics français en regorgent, des services souvent méconnus, toujours compétents, et moi, je cherche des livres aux rayons écologie et économie. Changer notre rapport à l'énergie passera, pour notre équipe, par des conversations avec le ministère à Paris, avec EDF et GDF puis Énercoop[2], avec le CD2E de Jean-François Caron en région, par la lecture d'un livre de Corinne Lepage[3] et l'étude attentive du *Manifeste négaWatt* de MM. Salomon, Jedliczka et Marignac. Nous tenons cette méthodologie de celle que nous avons apprise avec Kevin pour la réalisation des analyses de cycle de vie (ACV) : recherches documentaires et auprès d'organismes compétents. Recoupement des informations. Comme des journalistes qui auraient le temps de fouiller leur enquête ou des limiers de la police. Nous travaillons régulièrement avec les équipes de chercheurs du CNRS.

Il faut ces recherches pour ne pas tomber dans le piège des intérêts particuliers. Car les sujets de la transition concernent tous des secteurs clés de l'industrie du pays. C'est bien le problème, une partie de l'équipe de Pocheco et moi pensons que notre système est à bout de souffle et que, pour le réinventer, nous devons micro-agir et partager l'information. Le présent ouvrage n'est pas un livre de recettes mais plutôt un encouragement. Un encouragement que j'adresse au lecteur, à chercher par lui-même des réponses originales aux questions classiques.

---

1. Élodie dirige notre bureau d'études Canopée Conseil. Elle a occupé des fonctions de responsable qualité, sécurité et environnement et de l'administration des ventes. Ingénieure de formation, elle est membre du comité de pilotage de Pocheco. Yazid codirige Pocheco avec moi depuis dix-sept ans. Responsable de la production, des achats et de la relation sociale, il est membre du comité de pilotage de Pocheco. Il est aussi le directeur général de notre holding de tête (qui détient 100 % des parts de Pocheco SAS), Canopée Industries.
2. Fournisseur français d'énergie renouvelable.
3. *La Vérité sur le nucléaire, le choix interdit*, Albin Michel, 2011.

Revenons au nucléaire. Exercice difficile. Je peux concéder aux pro qu'au moment de la reconstruction et des Trente Glorieuses, la centralisation de la production d'énergie pouvait se justifier. Je ne reviens pas sur la manière dont, à la fin de la période Pompidou, les décisions essentielles concernant le réseau électronucléaire français se sont prises sans la validation de l'Assemblée nationale. Sur la seule bonne foi des spécialistes, tous issus des mêmes écoles d'ingénieurs, Polytechnique et les Mines.

Ou plutôt si, j'y reviens.

Le système démocratique a du bon! Il aurait permis un débat. De ce débat auraient certainement surgi les éléments essentiels suivants : une centrale nucléaire rejette une partie importante de son énergie de fonctionnement dans la nature, voyez les tours de refroidissement dont, par exemple, sur les sommets de l'Ardèche, dans la région du plateau du Mézenc, on aperçoit clairement l'énorme nuage de vapeur continu qui s'échappe. Voyez les rejets d'eau chaude dans les fleuves ou la mer[1].

Une centrale nucléaire demande un entretien constant et très coûteux, les défaillances se paient par des milliers de vies et des centaines d'années de confinement de vastes zones. Les centrales nucléaires sont des cibles pour les mouvements terroristes. Elles produisent de l'énergie en continu. Et c'est la principale perversité du système, selon moi : on a, par conséquent, inventé la France des convecteurs électriques au détriment de l'isolation des bâtiments. Raisonnement simple : puisqu'on dispose d'une énergie abondante, consommons-la. Enfin, pour nos centrales, le combustible, c'est l'uranium et ses dérivés. D'une part la ressource s'épuise, comme toutes les matières fossiles ou minières, d'autre part nous entretenons, nous, démocratie patrie des droits de l'homme, des relations

---

1. La quantité d'eau nécessaire aux centrales thermoélectriques pour alimenter et refroidir les turbines représente 40 à 50 % de la consommation d'eau douce d'un pays. Source : www.asef-asso.fr/ma-planete/nos-syntheses/1495-les-dangers-de-l-exploitation-nucleaire-la-synthese-de-l-asef.

coupables avec des gouvernements autoritaires et corrompus, et nous tirons profit de conflits violents dont les premières victimes sont toujours les populations les plus fragiles et les plus exposées. Sans oublier les risques pour la santé des ouvriers des usines de traitement atomique et pour celle des riverains. Et nous ne savons pas comment nous débarrasser des déchets de fission et de fusion.

Si je reprends l'exemple de la fenêtre en papier des enveloppes, qui a bien failli se transformer définitivement en plastique, amenant une série de décisions absurdes, voit-on le parallèle ? Quand on laisse un lobby, même animé des meilleures intentions (cela existe-t-il ?), influencer la décision des responsables élus, on se livre pieds et poings liés à des intérêts limités, on abandonne la souveraineté de l'intérêt public.

Sur le plan de la citoyenneté, la mienne et la vôtre, les lobbies, on le voit avec la privation quasi totale de débat sur le choix énergétique en France, sont des cancers dont nous devons débarrasser les couloirs de l'Assemblée nationale, du Sénat, des ministères et des locaux de la Communauté européenne. Quand on oppose l'argument que les lobbies sont des sources de renseignements pour les représentants du peuple, qui disposent de trop peu de moyens et de temps pour s'informer par eux-mêmes, soit on prend le peuple pour bien crédule, soit on se débarrasse de l'enjeu par paresse intellectuelle. Le débat démocratique ne peut pas être laissé aux mains des seuls "spécialistes". Votre député(e) national(e) ou européen (ne) a besoin de vous. Votre sénatrice ou votre sénateur aussi.

1974. Le président Pompidou vit ses derniers jours. Son gouvernement est en effervescence. Autour des ministres gravitent des spécialistes du nucléaire, ingénieurs du corps des Mines, certainement animés des meilleures intentions. Les spécialistes se font pressants, il est urgent de décider, l'affaire est trop importante pour être soumise au peuple (?!) par la voie de la représentation nationale, pas de débat, le système central électronucléaire français est né. Nous vivons toujours sous ce régime en 2015.

Sauf qu'entre-temps la catastrophe de Fukushima, pour ne citer que celle-là, a réveillé les consciences. La thèse des auteurs du *Manifeste négaWatt* est simple : au lieu de fonder la démarche énergétique de la France sur l'offre – un parc électronucléaire important –, ils proposent de dessiner le nouveau paysage énergétique sur la demande. Que voulons-nous ?

La meilleure énergie est celle que l'on ne consomme pas. Donnons la priorité à la baisse de la demande en énergie.

1997. Dans l'infirmerie de l'usine Pocheco, les pompiers ont été appelés, ils s'activent à déterminer la profondeur de la blessure de notre collègue. Il s'est brûlé la main. En tentant d'extraire une enveloppe du tunnel de séchage, il a touché la buse soufflante et sa main est restée collée quelques secondes avant qu'il puisse la retirer.

"Cette machine est aux normes", hurle presque mon interlocuteur allemand, que j'interpelle à propos de l'accident et de la dangerosité du procédé de séchage. "Votre technicien ne doit pas mettre sa main sur le tapis de séchage sous les buses, c'est dans le manuel de la machine, l'avez-vous lu ? Avez-vous formé votre équipe ?" J'en conclus que rien ne peut changer, de son point de vue. Que mes remarques et mes questions activent chez lui un réflexe, classique d'ailleurs, de protection contre d'éventuelles poursuites judiciaires. J'entends aussi que je n'ai pas fait mon travail. Je n'ai pas formé suffisamment, ni protégé mes collègues contre les dangers de la machine.

Avec Franck et Yazid, nous tentons de résoudre le problème. Mais l'implantation de nouveaux carters de sécurité (ce sont comme des cages métalliques qui empêchent d'accéder aux pièces coupantes ou dangereuses de nos machines) semble difficile. Au passage, nous comprenons que ces "sèche-cheveux brûlants" que sont les buses dispersent en la soufflant l'énergie consommée pour chauffer. Perte considérable par la dispersion, surtout si l'on comprend que chaque machine est équipée d'une douzaine de ces buses et que notre parc est constitué d'une vingtaine de machines! Le risque ainsi que la déperdition d'énergie sont démultipliés.

Nous relançons en priorité un cycle d'information et de formation auprès des opératrices et des opérateurs pour leur signaler l'accident de notre collègue (qui entre-temps est sorti d'affaire : il n'a gardé de séquelles de cette brûlure au troisième degré que le souvenir de la douleur, mais il a retrouvé le complet et parfait usage de sa main) et tenter de prévenir la survenue d'un nouvel épisode traumatique.

1998. Il reste, au tournant de cette année-là, que Franck et Yazid, après avoir traité la question du risque avec le CHSCT, étudient sérieusement la déperdition d'énergie produite par les buses de séchage. Un système est inventé, qui consiste à récupérer l'air chauffé au-dessus des buses, puisque l'air chaud monte, et après filtration l'air à la température toujours élevée est diffusé pour chauffer l'atelier. Nous développons un prototype. Mais l'essai, insuffisamment concluant, ne sera pas transformé.

Cet échec signale pourtant notre volonté de traiter la question des économies d'énergie. Ce sera même le moment d'une prise de conscience et de nombreuses tentatives qui n'ont jamais cessé de nous animer depuis.

C'est devenu une idée fixe dans l'équipe. Nous ne voulons plus dépendre de la centrale nucléaire de Gravelines sur la Côte d'Opale. Rien de moins! Nous savons que le travail de substitution des sources d'énergie nous prendra du temps. Peut-être les vingt années qui nous séparent de la retraite. Nous en prenons acte.

2008. Sur les machines, le temps des sécheurs à buses brûlantes est compté. Franck a trouvé la solution. Nous remplaçons, pendant le ralentissement de l'été, toutes les buses par des sécheurs à infrarouge. Nous commençons par les deux plus anciennes machines de l'atelier, elles ont dix ans. Soit 3 milliards d'enveloppes au compteur chacune. C'est le temps d'un démontage complet. Il ne reste que le bâti. C'est-à-dire la charpente métallique de la machine.

– 58 –

L'équipe s'est beaucoup préparée. En dix ans, les techniques ont évolué. Nous avons suivi ces progrès avec attention. Première intervention lourde sur ce patient qui requiert tout notre savoir-faire : le changement des moteurs et systèmes d'entraînement. Pour transformer une bande de papier de plusieurs kilomètres de long en enveloppes, les étapes se succèdent à un rythme soutenu, en suivant une ligne droite qui entraîne de l'impression des fonds et des logos, en passant par la découpe des pattes latérales, celle de la fenêtre, la pose du papier cristal, le repli du corps de l'enveloppe sur les pattes latérales, la pose de la colle de gommage (celle que l'on réactive avec la langue pour fermer le pli), jusqu'au séchage et à l'alignement avant le conditionnement final. Ces étapes doivent se coordonner au dixième de millimètre près, quelles que soient la vitesse, la tension ou la force d'aspiration requises. Des milliers de petits orifices jalonnent les cylindres, rendant possible le transport de la feuille de papier au cœur de la machine. Pour gérer cette haute précision, des moteurs. Jusque-là, un axe d'entraînement central réunissait les forces nécessaires. La technique, en évoluant, privilégie désormais les moteurs asynchrones. C'est-à-dire indépendants les uns des autres et coordonnés par de petits cerveaux électroniques. Par machine modifiée, nous gagnons 10 à 15 % de baisse de consommation.

L'ensemble des pièces aspirantes, des axes et autres cylindres porteurs de clichés d'impression ou de couteaux de découpe sont réajustés, remis à neuf. La machine, au sortir de cette cure, gagnera 25 % de vitesse moyenne constatée. Rendant sa capacité de production annuelle plus impressionnante encore : on atteint 400 millions d'enveloppes.

En remplaçant les buses par des sécheurs à infrarouge, non seulement nous réduisons la dangerosité pour nos collègues, mais encore nous baissons d'un coup de 75 % la consommation électrique pour ce poste! On comprend que se défaire progressivement de notre dépendance à l'égard du nucléaire vieillissant permet aussi

– 59 –

de substantielles économies. Une usine comme la nôtre dépensait en séchage 300 000 euros par an. Le budget se situe désormais un peu au-dessous de 100 000 euros par an, étant donné l'augmentation des tarifs d'électricité qui a dégradé l'effet de notre intervention. Quand, comme chez nous, on réinvestit les résultats dans l'entreprise, l'économie d'énergie contribue au financement des rénovations dans l'usine.

2009-2010. Justement, nous avons mis en œuvre une nouvelle idée. Dans la cour de l'usine, une silhouette presse le pas. C'est un matin de printemps encore frais mais qui sent déjà le pollen. Si je me réfère au vacarme des gazouillis du demi-million d'oiseaux qui gîtent dans le faux cyprès du jardin, je ne suis pas le seul être vivant à me réjouir du retour des beaux jours. Mme H., une de nos voisines, semble un peu affolée en se présentant à l'accueil. "Que pouvons-nous faire pour vous ? Comment allez-vous ? – Justement, s'exclame la dame, j'allais vous demander la même chose ! – Mais très bien, merci. – Ah ! bon. – C'est gentil de vous en enquérir."

Il est vrai que l'équipe et moi entretenons d'excellentes relations avec notre charmant voisinage. Mais nous ne sommes pas habitués à ce que, le matin, on vienne nous demander de nos nouvelles. Pourtant... "C'est que j'étais inquiète, poursuit Mme H. Mon mari et moi, on n'entendait plus Pocheco, on s'est dit que vous étiez fermés, fini, terminé. – Non, madame, mais je comprends votre étonnement, explique Fezzia avec gentillesse. Depuis ce matin nous avons coupé les pompes à vide. Le raffut a définitivement cessé."

Jusqu'à une époque récente et depuis au moins vingt ans, la salle des pompes à vide se trouvait dans le bâtiment principal mais en bordure du site, vers le village. Ces pompes créent du vide en haute et en basse pression, qui, acheminé vers les machines, permet d'entraîner le papier pendant tout son trajet de transformation en enveloppes. La technique pour créer le vide est simple mais effroyablement bruyante, et produit beaucoup de chaleur résiduelle. Des sortes de haricots géants tournent en spirale sur eux-mêmes et les uns autour des autres, si vite qu'il se crée une dépression. Les pompes reliées aux machines par un réseau étanche créent l'aspiration à vitesse et intensité variables dont nous avons besoin. Il faut isoler la salle des pompes sur les plans phonique et thermique. Si l'on ne portait pas de protection auditive en pénétrant dans la salle, on deviendrait sourd en moins d'une minute. Le bruit est équivalent à celui qui est produit par les tuyères d'échappement des gaz brûlés d'un avion de chasse au décollage ! Quant à la chaleur, elle est quasi intenable, proche de 60 degrés. Il faut refroidir. Le moyen le plus simple était d'ouvrir vers l'extérieur et de faire courant d'air au travers d'un filtre à sons. Efficace pour réguler la température, mais diffusant en continu 42 décibels vers l'extérieur. Dans le Nord, les usines construites au XIXe siècle étaient toujours mitoyennes des habitations des ouvriers et de leurs contremaîtres. Celles-ci n'appartiennent plus aux collègues de l'usine depuis longtemps, mais elles sont toujours aussi proches. La nuisance sonore était réelle. Tout le monde s'y était habitué. Au point qu'on ne l'entendait plus. Sauf ce matin de printemps où le silence soudain semblait assourdissant.

En déplaçant la salle des pompes au cœur de l'usine, confinée dans une pièce aux murs isolés et épais, nous avons creusé des sillons dans le béton du sol pour empêcher la propagation des ondes vibratoires émises par les nouvelles pompes. Tant qu'on reste à l'extérieur de la salle, on n'entend rien. À l'intérieur, le progrès dans la fabrication des carters de protection est tel que le niveau sonore est supportable.

Plus de bruit, donc. Cette nouvelle génération est moins énergivore. On gagne sur tous les plans de l'écolonomie. Une fois encore. On va même au-delà. Car, en confinant ces matériels au centre de l'atelier principal, mes collègues avaient une autre idée en tête, et cette fois ce serait un succès. Dès l'élaboration du plan de la salle,

– 61 –

Franck, Youssef[1] et Yazid ont prévu de récupérer la chaleur en reliant directement le réseau de chauffage aux extracteurs de chaleur des pompes. Ainsi, le refroidissement se fait par un échange d'air intérieur en hiver et extérieur l'été (mais par la toiture : on n'entend donc vraiment plus rien dans le village).

Tant que l'usine tourne, comme c'est le cas six jours sur sept toute l'année, elle est devenue autosuffisante en chauffage. Des aérateurs disséminés en hauteur dans tous les ateliers diffusent à la demande une température douce. Pour couper définitivement l'alimentation en gaz, il nous faudra attendre encore quelques années. Car pour le moment, il faut assurer le maintien de la température moyenne, y compris du dimanche jusqu'au lundi matin, car, machines à l'arrêt, nos pompes à vide ne tournent pas et ne produisent donc pas de chaleur.

2013. L'accord que Franck vient de passer avec notre prestataire pour la récupération et le recyclage de nos rognures de papier est historique! En venant récupérer les rognures compactées dans des bennes spéciales pour les acheminer vers une usine friande de nos beaux déchets de papier, notre opérateur apporte ses déchets issus de la destruction mécanique des palettes de bois en fin de vie. Notre magnifique chaudière à pellets de bois (le pellet est une compression de sciure) et de bambous est désormais alimentée par les déchets de palettes.

Fin de l'automne 2014. Après une période d'essai et de transition, nous coupons enfin définitivement l'arrivée de gaz sur tout le site. Risque d'explosion ramené à zéro. Sécurité des salariés améliorée. Coût des assurances en baisse. Émissions de CO_2 en baisse. Plus besoin de faire couler au sein de milliers de kilomètres de réseaux de gazoducs une énergie fossile rare, livrée, qui plus est, par des gouvernements peu enclins à l'exercice de la démocratie.

---

1. Youssef était le responsable de la maintenance à l'époque où se déroule ce récit. Il a, depuis, quitté Pocheco pour prendre de nouvelles responsabilités.

En synthèse, nous disposons de nombreux leviers d'action : on peut réduire la consommation en modifiant les machines. On peut aussi changer les consommables et récupérer la chaleur résiduelle. On peut certainement produire de l'énergie sur le site. Quand une jeune équipe d'ingénieurs des Arts et Métiers de Lille nous a proposé ses services le temps d'un long stage, l'opportunité d'analyser les déperditions énergétiques du site nous a semblé la priorité. Comme on pouvait l'attendre, la très vieille toiture de l'usine fuyait tel un pneu percé. Créant un gouffre financier et écologique. Si une caméra infrarouge avait filmé notre site vu du ciel à cette époque-là, on ne doute pas que le résultat aurait été sans appel. La décision de reconstruire cette couverture s'est imposée (j'y reviens en détail dans le chapitre 6) et nous avons consulté des installateurs de panneaux solaires.

En fonction de leur orientation, elle-même déterminée par la structure de la charpente de l'usine, les panneaux sont hybrides. Une technologie qui allie la cellule polycristalline réagissant aux rayons directs du Soleil et la cellule amorphe qui, bien que moins productive, revêt l'atout majeur dans notre région de réagir par temps couvert.

Grâce à l'acharnement de Franck pendant l'été où nos panneaux ont été installés, l'opérateur historique EDF a accepté de signer nos contrats de revente une journée avant que, par une décision unilatérale et rétroactive, il décide de baisser le montant du kilowattheure, ce qui aurait rendu caduc notre programme.

Car produire de l'énergie n'est pas notre métier. Mais, en tant qu'industriels, nous comprenons l'idée que chaque investissement doit être rentable, donc productif. Immobiliser des fonds dans la réfection de la toiture ne nous semblait pas prioritaire et c'est pour cela que, depuis une dizaine d'années, nous faisions reculer cette perspective. Mais si la toiture peut produire de l'énergie et que son prix d'achat par l'ancien monopole d'État permet de financer les travaux sans alourdir les comptes, alors nous sommes très intéressés.

Même dans le Nord, le Soleil peut produire de l'énergie. Nous avons installé sur la toiture de l'usine 1460 mètres carrés de panneaux solaires de technologie hybride, qui ont été fabriqués et assemblés en Allemagne. Comme son nom l'indique, le solaire thermique permet d'exploiter de la chaleur, et notamment les calories naturelles apportées par les rayons du Soleil. Ces panneaux thermiques sont constitués d'une vitre, d'une surface noire qui absorbe la chaleur, d'un isolant pour la conserver et, à l'intérieur, d'un serpentin de cuivre à travers lequel circule un liquide caloporteur permettant d'emmagasiner les calories. Cette source de chaleur peut être utilisée pour l'eau chaude sanitaire, c'est le cas des chauffe-eau solaires, ou alors associée au chauffage pour avoir un impact plus significatif.

En ce qui concerne la recyclabilité, la majorité des panneaux solaires contiennent des composants recyclables, comme le verre ou l'aluminium. Même leurs cellules en silicium peuvent être fondues afin de recréer de nouvelles cellules ! Cette solution convenait donc parfaitement à nos objectifs.

Et nous entrons de plain-pied dans ce XXIe siècle qui comprend que l'énergie, si on doit en consommer (et après avoir travaillé à réduire nos besoins), doit provenir de ressources locales. L'heure n'est plus à la centralisation mais à la décentralisation, à la localisation et à la diversification des modes de production.

Nos ingénieurs stagiaires suivent une autre piste originale : dans le sol, on trouve des sources chaudes ou des températures constantes dans les nappes phréatiques en profondeur à beaucoup d'endroits du territoire. La géothermie est la seule énergie réellement renouvelable qui permette de produire chaleur et/ou électricité. Son principe de fonctionnement est simple : des pompes aspirent, en un point et à une profondeur déterminés, l'eau des bassins souterrains. En fonction de la profondeur et de la géographie, la température de ces eaux peut varier de moins de 30 degrés à plus de 250 degrés. Cette eau, une fois en surface, circule dans un réseau adapté, diffuse

– 64 –

la différence de température puis est réinjectée dans le bassin en fonction du sens d'écoulement des eaux souterraines.

On distingue trois usages de la géothermie, en fonction de la température et de la profondeur de l'eau puisée : températures très basses et faible profondeur (moins de 30 degrés et moins de 100 mètres) pour le chauffage ou la climatisation ; températures et profondeurs moyennes (entre 30 et 100 degrés, et entre 1 000 et 4 000 mètres) pour les réseaux de chaleur de chauffage urbain ou industriel ; hautes températures et grande profondeur (plus de 250 degrés et entre 1 500 et 3 000 mètres) pour la production électrique *via* des turbines. La géothermie à très basse température peut être mise en place partout dans le monde, à la différence des autres systèmes, adaptés à des espaces très spécifiques. En 2002, pour les réseaux de chaleur, le rapport est globalement de 1 kilowattheure consommé pour 4 kilowattheures produits.

L'idée fut évoquée avec la commune, pour son projet de développement de logements au cœur du village, que nous groupions nos forces pour exploiter ce gisement de ressource renouvelable. Mais le promoteur et la mairie ne donnèrent pas suite à notre offre.

Et le vent ? Les grands courants aériens balaient nos côtes et nous recevons un jour de mai 2011 un spécialiste des énergies éoliennes. Dans l'espoir, dès que les finances le permettront, d'acheter une éolienne. Il s'en trouve à 50 kilomètres de l'usine, sur un site dédié (et déjà évoqué), en fait un parc éolien. Chaque turbine, perchée à 135 mètres du sol sur un promontoire naturel lui-même dressé à plus de 170 mètres d'altitude (ce qui, dans notre région, correspond à un point culminant !), est plus grosse qu'une remorque de camion et produit 2 000 kilowattheures en fonction de la force et de la régularité du vent. Le vent souffle jour et nuit et la production est continue. Cette puissance suffirait à couvrir (et même un peu au-delà) notre consommation annuelle (électricité et bois confondus). Dès lors, nous pourrions revendiquer que nos enveloppes sont produites par l'énergie du vent et qu'ayant, par ce moyen, plus que compensé l'énergie nucléaire, nous disposons d'une usine à énergie passive. En termes financiers, une usine éolienne[1] de dernière génération, comme celle qui est décrite ici, coûte 2 millions d'euros neuve. Il faut aussi compter les frais de raccordement, ceux des compteurs et l'entretien (celui d'une telle machine représente plus de 50 000 euros par an). En contrepartie de quoi, le contrat est signé avec l'opérateur pour une durée comprise entre dix et quinze ans, en fonction de la quantité réellement produite. Il achète le kilowattheure à 8,2 centimes d'euro. Le retour sur investissement se ferait donc en moins de dix ans, et même plutôt en six ans, selon nos dernières estimations.

Un autre rêve serait de partager l'énergie de cette usine éolienne avec les habitants du village. L'écolonomie pourrait alors concerner une population de 1500 citoyens, et le village, se tourner résolument vers des solutions adaptées aux contraintes contemporaines.

Mais pour le moment ce projet n'aboutit pas. Les blocages sont multiples. L'implantation des systèmes éoliens n'est pas le moindre. Personne ne veut d'une éolienne dans son champ de vision. Mais la spéculation financière en est un bien plus important. Dès que les systèmes éoliens ont bénéficié de subventions, les groupes d'intérêts privés et d'investisseurs se sont rués sur les aides d'État. Prenant de vitesse les quelques indépendants, industriels ou non, qui étaient tentés par l'aventure de la production autosuffisante.

De manière générale, nous procédons, chez Pocheco, par expérience et sur un mode coopératif beaucoup plus que compétitif. Nous cherchons à changer de modèle, mais notre projet ultime est et reste de partager le fruit de notre travail. Nous aimerions contribuer au changement en accompagnant nos interlocuteurs. Changer de modèle énergétique est possible, nous avons déjà commencé et

---

1. C'est une turbine qui produit de l'énergie au moyen de pales propulsées par le vent.

il n'y aura pas de retour en arrière. Nous ne jetons pas l'anathème sur le modèle actuel, mais il faut accepter qu'il doive radicalement évoluer.

Ma conviction est faite de longue date que les ingénieurs d'Areva[1] qui construisent des centrales nucléaires ont du travail pour les cent prochaines années pour élaborer des solutions concrètes et sûres de déconstruction des sites. La dépollution, si elle est traitée avec sérieux et sans arrangements coupables, est un métier de grand avenir. Je comprends d'autant moins les résistances de ces sociétés qui semblent considérer qu'il est plus efficace de ralentir le changement que d'y plonger à corps perdu.

À notre échelle, en réduisant nos consommations, en produisant une partie de nos besoins, en remplaçant le gaz par le bois déchiqueté, nous faisons notre part[2]. Et nous sommes bien déterminés à continuer.

Parfois, des lieux particuliers et des gens nous inspirent. C'est le cas de Claude et Nadette, gardiens de refuge, comme ils se qualifient eux-mêmes, qui vivent une partie de l'année à haute altitude et se confrontent à des conditions de vie qui les obligent à s'adapter.

Dans cette montagne des Alpes du Sud, l'été, à partir de la fin du mois de juin, la nature semble en effervescence. À cette altitude (vers 1 600 mètres), la saison chaude est plus courte, le temps d'ensoleillement compte double. Depuis le village, on marche une heure pour dépasser le premier verrou glaciaire. Les insectes, comme les coccinelles, les sauterelles ou les criquets, plus rares dans les champs depuis le développement des pesticides (après la Seconde Guerre mondiale), pullulent dans cet environnement très préservé. Grillons,

---

1. J'écris ces lignes alors qu'on annonce de très gros plans de licenciement dans l'entreprise créée par Anne Lauvergeon. Je compatis avec les salariés. Mais je comprends d'autant moins la situation que ces ingénieurs me semblent les mieux formés pour démonter le système qu'ils ont contribué à construire.
2. Selon l'expression portée en avant par le mouvement des Colibris (créé par Pierre Rabhi et Cyril Dion), partenaire de cet ouvrage.

papillons de toutes les tailles et de toutes les couleurs, abeilles qui butinent et produisent un miel doux et parfumé des nectars des fleurs des Alpes. C'est dans cet environnement magnifique que, vers 2 000 mètres, Claude et Nadette animent un refuge de haute montagne. Depuis les années 1990, d'une part ils travaillent à rénover le hameau, d'autre part ils accueillent jusqu'à 10 000 randonneurs par an. Loger, guider, recevoir, nourrir des personnes de passage, c'est le métier classique de l'hôtellerie-restauration, mais le faire sans réseau de distribution d'eau potable, sans réseau d'évacuation des eaux usées, sans gaz, sans électricité conventionnelle par des températures qui peuvent descendre à - 20 degrés l'hiver, tandis qu'il n'est pas rare qu'en une nuit de tempête il tombe et s'accumule près de 1 mètre de neige, c'est une autre affaire!

Nous sommes attablés dans le jardin. C'est le milieu de l'après-midi au début du mois d'août, l'air n'est plus très loin déjà de sentir l'automne. La conversation roule avec Claude et Nadette depuis un moment... Leur témoignage, dont je livre ici de larges extraits, me semble riche d'enseignements et, sans jeu de mots, nous permet de prendre un peu de hauteur sur les questions de choix énergétiques.

Un chalet d'altitude impose des règles de vie qui sont le résultat de contraintes environnementales auxquelles les citoyens occidentaux sont peu habitués. Il a fallu tout créer autour du refuge sans pouvoir s'appuyer sur des réseaux publics. Ces conditions me semblent préfigurer les conditions de vie auxquelles nous serons soumis collectivement si nous ne changeons pas nos comportements et nos habitudes. Donc, l'expérience menée depuis vingt-cinq ans par Claude et Nadette est intéressante à transmettre.

Claude : "La définition du refuge date de 2007, je crois. Il y a une disposition administrative qui correspond à un site isolé. On n'y va pas en voiture, par aucun moyen téléporté. Donc il n'y a aucun accès motorisé pour les usagers. C'est un établissement qui reçoit du public dans un site isolé et inaccessible au moins une partie de l'année. [...] Forcément, on a des besoins en énergie, ne serait-ce

– 68 –

que pour l'éclairage et la cuisine : les batteurs, les trancheurs, les contraintes administratives qui nous imposent de stocker des denrées au frais. Donc, là, le choix qu'on a fait est l'hydraulique. Nous utilisons de l'eau non potable qui vient d'un ruisseau et nous en prélevons une infime partie : 6 litres par seconde. Au bout d'une conduite en polyéthylène de 1,4 kilomètre, il y a une petite turbine (un anneau métallique). L'eau arrive sous pression et des jets viennent frapper une petite roue Pelton qui entraîne en rotation un alternateur qui fabrique de l'électricité. Ça marche très bien!"

Et le gel en hiver ?

Claude : "Il ne pose pas de problème tant qu'on fait attention au colmatage : en période de plus basses eaux, de la mousse et des feuilles peuvent obstruer la petite grille, empêcher l'eau de couler et arrêter la turbine. Donc, il faut y monter pour nettoyer. L'hiver, après avoir chaussé des skis, vingt minutes suffisent pour y aller. C'est à 1,4 kilomètre d'ici."

Nadette : "Seulement, en hiver, le débit d'eau de toutes les sources est moindre, donc il produit moins d'électricité. On doit faire différemment. Depuis cinq ou six hivers, nous avons un groupe électrogène qui fait le complément quand la production d'électricité par l'hydraulique est trop basse."

Claude : "En effet, il arrivait qu'on tombe en rade d'électricité en plein service! Il fallait faire vite, laisser une seule personne au refuge pendant que l'autre partait rapidement là-haut pour débloquer le système."

Nadette : "En dehors de tout aspect éthique, nous aurions préféré nous passer des ressources fossiles, mais il y a aussi les limites physiques. Par exemple, cet hiver n'a pas été le plus rude, nous n'avons pas eu besoin du groupe électrogène. Mais l'hiver précédent, nous l'avons utilisé pendant deux semaines, à raison de deux heures par jour. Dans ces conditions, on considère que cette technologie nous facilite la vie au travail, tant que son utilisation est occasionnelle..."

Sans dogmatisme, on avance plus vite, en effet. L'autonomie et la sobriété énergétiques, si elles étaient adoptées immédiatement (au rythme d'une transition qui s'établirait sur une durée courte de cinq à dix ans, par exemple), autoriseraient à continuer d'utiliser des ressources fossiles en très faibles quantités. À condition de ne pas détourner la règle de son objet : la sobriété énergétique pour tout le monde pour limiter les émissions responsables du réchauffement du climat.

Le groupe électrogène choisi par Claude et Nadette consomme seulement 0,3 litre par heure. Et son utilisation est limitée dans le temps. Si l'on appliquait ces méthodes de fonctionnement aux 67 millions de Français, il n'y aurait plus de problème énergétique, plus d'importation massive de ressources... Mais comment est chauffé le refuge ?

Nadette : "Nous utilisons des poêles à bois et, avec la production électrique, tout notre surplus d'électricité (nous produisons 4,5 kilowatts mais nous consommons peu : lave-vaisselle, aspirateur...), nous disposons de deux dissipateurs. Le premier pour notre chauffe-eau. Quand on a besoin de dissiper plus de 2 kilowatts, un radiateur électrique nous permet de sécher les chaussures et de chauffer le refuge. Quand l'eau est chaude (nous n'avons plus besoin de ces 2 kilowatts), il y a un deuxième dissipateur qui chauffe au fond de la cuisine, un endroit où il fait froid. Nous n'avons donc pas de point froid dans le refuge. Préchauffer l'eau par l'électricité nous permet de réduire considérablement notre consommation de gaz[1] pour la chauffer ensuite."

Claude : "Depuis qu'on a développé l'hydraulique, on utilise beaucoup moins de gaz et moins de bois, donc aussi moins de gas-oil puisque le bois est monté au refuge par un tracteur au gas-oil. Notre système hydraulique produit près de 5 kilowatts, vingt-quatre heures sur vingt-quatre. Si on fait le compte : ces 4,5 kilowatts sont utilisés pour 30 personnes, sans compter notre équipe ! Si on transpose cela à une maison ou un appartement, je crois que le minimum que délivre EDF est 6 kilowatts, et souvent ils invitent à

---

1. Car il y a une réserve de gaz stockée dans une citerne.

mettre 9 kilowatts pour 4 personnes! Ici, nous avons toujours au moins 30 personnes, pour lesquelles nous consommons 5 kilowatts produits par une source dont l'apport en eau est de 6 litres par seconde! C'est un investissement de 10 000 euros pour la machine, puis de 5 000 ou 6 000 euros pour la tuyauterie. Je suis persuadé que nous avons fait le bon choix."

C'est un choix modulable en fonction des besoins et des conditions extérieures, mais c'est aussi un choix qui s'appuie sur la complémentarité des solutions.

Claude : "À condition d'avoir de l'eau et de la pente, 6 litres par seconde en montagne, on pourrait l'appliquer à peu près partout, mais c'est mal vu... Depuis quelques années, la loi sur l'eau complique la vie des gens comme nous. Elle a été promulguée pour éviter que des industriels n'installent de grosses machines au fil du temps et n'assèchent les rivières... Mais aujourd'hui, nous, les petits utilisateurs-producteurs locaux pour notre propre consommation, nous sommes empoisonnés avec cela! Tandis que le solaire a meilleure presse. Il faut pourtant beaucoup d'énergie pour construire le matériel d'un équipement solaire, beaucoup plus que pour notre installation hydraulique... C'est une aberration! Des labos ont produit des études sérieuses là-dessus et on sait que le bilan du photovoltaïque n'est pas neutre, alors qu'une petite machine hydraulique comme la nôtre peut produire 100 kilowatts par 24 heures, elle permet de s'éclairer, de se chauffer et d'être autonome."

Un peu en contrebas du hameau de Buffère, le refuge dont Claude et Nadette sont les gardiens, sur le même versant de montagne, on produit de l'électricité hydraulique. La petite centrale de Débaret est joliment habillée par un bâtiment en mélèze, un peu en retrait du village. La Clarée est un torrent puissant, au débit soutenu toute l'année. L'eau des versants des Alpes file vers la réserve artificielle de Chorges, près d'Embrun, avant Gap, pour rejoindre ensuite le canal du Midi. La Clarée alimente principalement la

Durance. Le village de Névache est enclavé, cette montagne est le paradis des randonneurs été comme hiver. Peu artificialisée, la vallée parie sur son environnement précieux et rare pour attirer le tourisme. Ici, pas de station de ski coupant les pentes et les forêts, et déstabilisant les écosystèmes. La centrale électrique a toutefois été revendue au privé. Mais la situation préfigure ce que pourraient être les nouvelles manières d'envisager notre rapport à la production décentralisée.

On pourrait bien racheter cette centrale, si elle était à vendre. Qui, "on" ? Un collectif de villageois, avec l'aide d'une levée de fonds citoyenne (ou *crowdfunding*). Aidés par la mairie, les villageois pourraient retrouver leur autonomie.

C'est déjà le cas dans la commune de Montdidier, dans la Somme : une équipe particulièrement déterminée a, dans les années 2000, décidé de pousser son avantage sur ce modèle. En 1946, le pays se reconstruit et la question de la centralisation de la production d'énergie se pose. Soit les communes cèdent leurs capacités de production et de distribution d'énergie locales au conglomérat en construction sous l'égide de l'État, EDF, soit elles choisissent l'autonomie. Ainsi, près de deux cents communes produisent leur énergie et la distribuent en régie. Montdidier est de celles-là. Ce droit préservé est laissé de côté pendant longtemps. Jusqu'à ce que l'on décide d'investir dans les systèmes éoliens. Sous l'impulsion de Catherine Quignon Le Tyrant, créative édile pendant deux mandats, tout le système de production est repensé pour l'autosuffisance. Éoliennes, panneaux photovoltaïques et centrales de gestion des déchets productrices de chaleur, les moyens multiples rendent effective la complémentarité des sources et aboutissent, pour cette population de 10 000 habitants, à un bilan positif pour la gestion du budget de la commune. Une commune au budget maîtrisé libère des moyens d'action considérables. Tel, par exemple, un vaste plan de rénovation des habitations permettant de diminuer encore les besoins en énergie par une meilleure isolation. Un audacieux système de compteurs intelligents est même expérimenté, préfigurant certainement l'avenir au plan national.

Dans le village de Névache, à une échelle différente, l'autonomie serait intéressante. La commune est très étendue et certaines habitations sont difficilement accessibles. L'eau s'écoule toute l'année, la production locale pourrait être combinée avec des travaux d'isolation et de rénovation des habitations, un éclairage public moins consommateur pourrait être financé par les économies réalisées.

Partout sur notre territoire, les initiatives peuvent se libérer afin de permettre à l'après-nucléaire de se mettre en œuvre sans heurts.

Pour cela, il faut rendre aux communes le pouvoir de choisir leur mode de production et de distribution de l'énergie. Rien ne justifie plus une centralisation contraignante depuis que le système, sous l'impulsion de l'organisation européenne, a été partiellement privatisé. Soit l'État souverain gère, soit il se défait de son monopole. S'il se défait de son monopole, alors il faut que le peuple choisisse à nouveau. Sinon, et c'est en France le système actuellement en vigueur, l'État perd sa souveraineté et livre au privé des pans entiers de l'économie. Quand cela touche à la politique énergétique du pays, ce n'est pas acceptable. Livrer au privé sans consultation du peuple ? Les bénéficiaires sont une fois encore les grands conglomérats internationaux.

Comment la loi sera-t-elle écrite si les mêmes opérateurs privés, conglomérats internationaux puissants, financent des lobbyistes chevronnés pour influer sur les décisions de l'Assemblée et du Sénat ? Dans le domaine de la politique énergétique du pays, le système actuel montre toute la dangerosité du principe libéral quand il est poussé à l'extrême.

Qui peut convaincre l'État de se ressaisir ? Les citoyennes et les citoyens. Nous multiplierons les actions locales en réclamant notre droit absolu à décider.

Sinon ? Par exemple, notre petite centrale hydraulique de montagne, reliée par un opérateur privé au réseau ERDF, n'est d'aucune utilité quand une avalanche en plein hiver ou une coulée de boue à la fonte des neiges vient couper le réseau qui la relie à la vallée. Le village est coupé du monde. Plus d'énergie. Il faut employer les grands moyens pour ravitailler les habitants. Grands moyens qui mobilisent l'argent public. Tandis que si la centrale était directement liée au village, l'autonomie serait acquise et réduirait les risques de coupures.

Tout notre territoire n'est pas en montagne. Toutes les régions ne sont pas isolées. Mais, en commençant dès 2016 à organiser les moyens de production locaux de ces régions, on pourrait réduire la pression sur les centrales vieillissantes au lieu, par exemple, de s'obstiner à développer, malgré les graves défaillances techniques et les retards et dépassements budgétaires exponentiels, le réacteur de nouvelle génération de Flamanville, dans la Manche.

La production centralisée n'a pas d'avenir, étant donné l'épuisement des ressources (dans le cas du nucléaire, l'uranium se raréfie aussi!). Sous l'angle particulier des matières fissibles, on peut avancer que l'épuisement des ressources remet en question les échanges liés à la mondialisation.

Juillet 2015. À l'usine, c'est l'effervescence. Nous avons subi des revers sur le front de l'autonomie énergétique. Nous la souhaitons ardemment. Depuis longtemps. Depuis notre brève aventure en 2011 avec notre dandy franco-londonien chasseur de primes, rien. Sauf depuis trois jours. Franck a trouvé une piste intéressante en recevant Énercoop. Leur proposition nous a séduits : cette coopérative propose de nous réunir à quelques-uns (trois entreprises locales) pour acheter et implanter ensemble trois ou quatre éoliennes. Sans la moindre subvention. Mais par l'emprunt. Nous achetons pour 450 000 euros d'électricité par an (nous en vendons aussi, mais seulement pour 120 000 euros par an). Si nous empruntions 2 ou 3 millions d'euros pour acheter notre part d'énergie verte à Énercoop, en remboursant l'emprunt au lieu d'acheter l'énergie chez l'opérateur

– 74 –

national, nous serions autonomes en moins de dix ans et pourrions relier par un câble direct l'usine à l'énergie du vent. Enfin déconnectés de la centrale vieillissante de Gravelines, dans le Pas-de-Calais. Seule ombre au tableau : les spécialistes d'Énercoop sont catégoriques, la mise en œuvre de ce projet prendra sept ans. Sept longues années! Je n'ai pas encore compris pourquoi. On me dit qu'il faut chercher du côté des réglementations et des freins que les lobbies imposent...

Nous recevions à l'usine un fabricant d'enveloppes de la région de Chicago. Il nous expliquait que la proximité de son site de production et d'un aéroport lui interdisait d'envisager l'achat et l'implantation d'une centrale éolienne. Quand nous avons évoqué l'idée de puiser de l'énergie dans le sol au moyen de la géothermie, il a montré un vif intérêt. Et cela s'explique : pour la même quantité d'enveloppes produites par an que Pocheco, soit 2 milliards, il paie son énergie électrique 900 000 dollars par an, soit, au taux de change actuel, un peu moins de 800 000 euros par an, quand nous payons 450 000 euros par an. L'Américain paie donc son électricité près de deux fois le prix de la nôtre. Nous, Européens et industriels français particulièrement, devons nous attendre à une forte et régulière augmentation des prix de l'énergie électrique. Elle est déjà amorcée et elle continuera. Comment les clients supporteront-ils ces hausses? Consommer moins et produire de l'énergie propre à proximité du lieu de consommation devient une obligation. Car, à la fin, il vaut mieux investir dans une turbine éolienne et son entretien que de voir augmenter sa facture d'énergie sans aucun contrôle.

4

L'EAU EST RARE, PRÉSERVONS-LA

En 2013, 90 % des cours d'eau en France sont déclarés insalubres[1].

Commissariat général au
Développement durable.

"En Ouzbékistan, des fleuves complets ont été déviés, des barrages construits pour répondre aux besoins hydriques considérables des plantations de coton. La mer d'Aral a disparu en raison de ce type de pratiques."

Cela dépasse l'imagination. Comment en sommes-nous arrivés à ce délire ?

Éric Sauvage est un entrepreneur du textile qui produit et vend aux enseignes de la distribution. Depuis trente ans, il a développé des usines en suivant le mouvement des délocalisations de production. Mais en y important les conditions sociales occidentales, notamment au Bangladesh : les femmes bénéficient de congés maternité, avec Yann Arthus-Bertrand il a créé une école pour près de trois mille enfants, il a installé des machines allemandes, suisses ou italiennes de dernière génération. Sa teinturerie intègre une station d'épuration des eaux usées. Éric est un entrepreneur responsable qui ne se comporte pas comme un prédateur.

Il a conscience que même les méthodes vertueuses qu'il tente de mettre en œuvre ne règlent pas sur le fond la question des délocalisations de production. C'est la raison pour laquelle il agit actuellement pour rapatrier en Europe tout ce qui peut l'être de ses productions. Pour le marché européen en tout cas. Au cours de notre échange, nous évoquons la culture du coton "conventionnel" et ses conséquences sur les ressources hydriques.

"Quand on pratique la monoculture intensive, dit Éric, la plante cultivée puise dans le sol certains éléments nutritifs essentiels à

---

1. Commissariat général au Développement durable, *Chiffres et statistiques*, n° 246, juillet 2013.

son développement. Certaines sont exigeantes en azote, d'autres en oligoéléments, etc. Sans une rotation des cultures, le sol s'épuise en certains nutriments et en concentre d'autres. Les produits phytosanitaires sont censés compenser ces carences, sans considérer les impacts indirects qu'ils pourraient avoir à moyen terme sur la santé humaine, la qualité de l'eau et la fertilité des sols. La culture du coton engendre ces effets dévastateurs et nécessite par ailleurs de très grosses quantités d'eau.

Le coton conventionnel, en culture intensive, est vraiment destructeur pour la planète. Pour produire 1 kilo de coton, on consomme 10 000 litres d'eau. 30 % des pesticides vendus dans le monde sont utilisés pour la culture du coton. Après celle-ci, on ne peut plus rien planter. La plante est très exigeante en eau, la surface et les nappes souterraines sont asséchées. En Inde, certaines nappes phréatiques sont descendues de 150 mètres en presque trente ans. Elles sont polluées aux pesticides, de surcroît ! Avec des conséquences directes pour la santé et indirectes pour l'écologie."

Les consommateurs peuvent réagir très fortement. S'ils décident de tenir compte de ces informations chaque fois qu'ils réfléchissent à un achat de vêtement. Car l'eau est un besoin vital pour l'homme. On meurt en trois jours de privation d'eau potable. Plus du tiers de la population mondiale est directement menacé, car il n'accède pas à l'eau potable en moins de trois jours.

Dès les années 1940, Karl William Kapp, que l'on considère souvent comme l'un des pères fondateurs de l'économie écologique, nous prévenait : "En dehors de leurs dangers pour la santé, l'utilisation industrielle et la pollution des cours d'eau pourraient hâter la venue du temps où des régions de plus en plus nombreuses devront installer des systèmes coûteux de stockage et de gestion afin de préserver la qualité de l'eau potable. Il faut aussi tenir compte des effets de la pollution de l'eau sur la végétation et le cheptel, sur les poissons et sur une multitude de valeurs récréatives et esthétiques. Ainsi [...] il est certain que la pollution des rivières, des torrents et des lacs est un processus typiquement cumulatif, [...] que tant le nombre que le volume de polluants augmentent et que le progrès technique, l'explosion démographique et la concentration urbaine vont promouvoir la pollution de l'eau et de l'air au rang des principaux coûts sociaux des civilisations industrielles modernes[1]."

Les faits sont avérés, près de cinquante années après la première publication de cet ouvrage, et leurs conséquences sur nos sociétés actuelles rendent encore plus criants et visionnaires les propos de l'économiste allemand.

Quand nous travaillons dans nos domaines respectifs, dans les entreprises qui nous emploient, nous cherchons le sens que nous pourrions donner à nos vies de travail. Puisque, comme le dit Pierre Rabhi, "nos vies valent plus qu'un salaire". Donner du sens au travail, c'est agir en fonction des informations que nous recevons. Si l'information au journal du soir nous a révoltés, le lendemain, la question se pose : comment agir ?

En 2009, alors qu'elle était en visite chez Pocheco, j'avais posé cette question à Corinne Lepage. Elle venait de publier chez Grasset un livre, *Vivre autrement*, qui traitait de cette impuissance désespérante que nous ressentons parfois face à la gravité des problèmes. Une mer asséchée. Des populations entières empoisonnées ou qui meurent de soif. Sa réponse simple avait le mérite de l'efficacité : "Nous pouvons toutes et tous micro-agir tous les jours" et, ajoutait-elle, "nous pouvons en parler autour de nous. En parler avec nos enfants. Eux-mêmes en parlent avec leurs copains à l'école. On en parle avec la maîtresse. Les enfants à leur tour en parlent à leurs parents." Elle pensait déjà à ces mouvements de citoyens qui se mettent en place et qui privilégient l'action collective partie de la "base", le terrain, la vie.

---

1. Karl William Kapp, *Les Coûts sociaux de l'entreprise privée*, trad. B. Bronstein-Vinaver, Les Petits Matins-Institut Veblen, 2015, p. 155. La première publication en français, chez Flammarion, date de 1975, traduction de la seconde édition entièrement revue, publiée chez Asia Publishing House en 1963.

Si j'en reviens à l'assèchement de la mer d'Aral, seul contre toute une filière je ne peux rien. Mais si nous concertons nos informations ? Nous pouvons micro-agir. Par exemple chez Pocheco. Puisque l'eau est un problème majeur dans le monde. Puisque sur la planète sa gestion par l'homme est catastrophique. Que pouvons-nous changer dans notre usine, dans notre quartier ou notre village pour développer des actions vertueuses ?

2015. Sur la toiture de l'usine de Forest-sur-Marque. Le ballet des abeilles rivalise avec celui des mésanges, des merles et des hirondelles. À la fenêtre, on voit, en début de journée, l'envol de toutes les ouvrières de la ruche vers leurs points de butinage, et le soir, un peu avant la tombée de la nuit, c'est une colonne bourdonnante d'insectes soûlés de lumière et de pollens qui rentre.

Les ruches sont posées sur les toitures de l'usine. Un tapis végétal composé de plantes semi-rustiques, des sedums, s'épanouit d'année en année. Les stratégies d'expansion de chaque pied nous fascinent. Ils rivalisent par leurs racines en souterrain et par leurs tiges en surface. Chaque plant d'origine a multiplié sa surface par dix ou vingt, maintenant ils se superposent, s'étendent, et toute une faune minuscule trouve sa place.

Plus contraint en hiver, comme rétracté par le manque de lumière et le froid, le tapis ondulant bourgeonne et s'étire dès les premières chaleurs. On dirait qu'il respire. Vert printemps dès mars, rouge intense sous les rayons d'août, rose en fleurs, rouille à l'automne, la variation s'achève par le marron éteint des tiges sèches de l'hiver. Cette couverture végétale est formidablement vivante. Elle absorbe et tamponne l'eau de pluie. De la fine ondée de printemps à l'orage dramatique et noir de fin d'été, de la neige fondue en soirée à la bonne averse qui soulage.

L'Agence de l'eau l'a confirmé, après qu'incrédules et surpris ils ont découvert cette toiture absorbante, réalisation de notre équipe de chercheurs : le concept du tout-à-l'égout développé depuis les années 1970 pour l'évacuation des eaux de ruissellement est complètement remis en question. Les épisodes climatiques extrêmes rendent caduque cette politique qui consistait à capter, endiguer et acheminer les eaux de pluie vers des stations de retraitement des eaux usées. Les réseaux toujours plus importants sont surdimensionnés en temps normal pour la gestion des flux habituels mais, et ce n'est pas le moindre des paradoxes, ils sont vraiment insuffisants pour recevoir les quantités d'eau pendant les épisodes extrêmes. Caduque car les épisodes centennaux sont devenus décennaux, et les décennaux sont pluriannuels. Désormais, il faut infiltrer la goutte d'eau dans le sol au plus près de là où elle tombe.

Quand, en 1848, la toiture de l'usine est enfin achevée, ce sont près de 10 000 mètres carrés de surface naturelle que l'on finit d'artificialiser. Il faut compter aussi les voies d'accès et de retournement autour du site. Quelque 13 000 mètres carrés en tout. Autant de surfaces désormais imperméables. L'eau ruisselle mais ne s'infiltre plus.

Ainsi que l'écrit Bernard Chocat, "en France, depuis cent cinquante ans, le système traditionnel de gestion des eaux pluviales consiste à les évacuer le plus rapidement possible de la ville en utilisant un gigantesque système de tuyaux qui, très souvent, recueille également les eaux usées. Ce mode de gestion est extrêmement coûteux en infrastructures. Il provoque des dysfonctionnements multiples : débordements des réseaux occasionnant des inondations dans les centres-villes ; rejets d'effluents pollués dans les milieux naturels. Il transforme une ressource précieuse, l'eau de pluie, en un déchet et en une menace pour la population[1]." Les réseaux ainsi conçus et entretenus sont dimensionnés pour une pluie décennale. À la lumière des événements climatiques de ces dernières décennies, on admet donc que les réseaux déborderont un jour ou l'autre.

---

1. Le "tout-à-l'égout" est-il une bonne solution pour gérer les eaux pluviales urbaines ?, document rédigé par Bernard Chocat (LGCIE – INSA Lyon), septembre 2014.

D'autre part, "le fait de recueillir les eaux de pluie dans un réseau d'assainissement, qu'il soit unitaire ou séparatif, conduit le plus souvent à rejeter de grandes quantités de polluants pendant les périodes d'orage. Il ne s'agit donc pas d'une solution efficace pour limiter la pollution déversée[1]." Seulement, les habitudes, même mauvaises, ont la peau dure! Toujours selon la même étude, on compte en France 290 000 kilomètres de réseaux d'assainissement, ce qui produit un chiffre d'affaires de 5,5 milliards d'euros par an. Au rythme actuel, il faudrait cent vingt ans pour reconstruire à l'identique notre réseau. Les chiffres sont éloquents. Mais justifient-ils que l'on bloque toute évolution?

Un nombre grandissant d'experts confirment les propos de Bernard Chocat : il faut infiltrer les eaux pluviales. Elles ne représentent, explique-t-il encore, que très peu de risques de pollution pour l'environnement à condition de respecter trois critères importants : "Éviter d'augmenter la concentration de l'eau de pluie en polluants : l'eau doit donc être infiltrée au plus près de l'endroit où elle tombe (idéalement là où elle tombe). Éviter d'apporter trop de polluants au même endroit. Disposer d'une épaisseur suffisante de sol homogène au-dessus de la nappe phréatique, et si possible végétalisé en surface[2]." Cela ne semble ni délirant ni hors de portée de nos capacités. Je laisse la conclusion à Martin Guespéreau, directeur général de l'Agence de l'eau Rhône-Méditerranée-Corse, en ouverture de la conférence internationale Novatech de 2013, à propos des stratégies et solutions pour une gestion durable de l'eau dans la ville : "Le tout-tuyau, c'est fini!"

En moyenne, en France, un seul hypermarché couvre avec son bâtiment 10 000 mètres carrés. Compte non tenu des surfaces de zones commerciales et de parking associées. Nous avons calculé que, si ces toitures étaient couvertes de végétaux, ce ne serait pas moins

1. *Ibid.*
2. *Ibid.*

que l'équivalent de la surface d'une mégalopole comme Londres qui serait rendue au végétal. Avec la capacité de couvrir les besoins en eau de 180 000 foyers. On ne calcule pas les effets bénéfiques additionnels, tels que par exemple l'amélioration de l'isolation thermique des toitures, les économies de chauffage et de refroidissement des bâtiments, l'absorption et la décomposition des particules fines de pollution atmosphérique, le développement de zones tampons pour les insectes pollinisateurs et les oiseaux... En tâchant de produire un effet vertueux sur la réduction du ruissellement des eaux sur des surfaces artificielles, on obtient des effets induits complémentaires qui contribuent à l'assainissement des conditions de vie en ville.

Notre bureau d'études intégré est en contact régulier avec quelques acteurs majeurs de la grande distribution qui montrent un intérêt soutenu pour les solutions que nous proposons. On peut espérer qu'un mouvement s'engage. Nous y travaillons.

Couvrir les toitures de végétaux n'est pas une solution parfaite. Un sol meuble laissé au couvert végétal reste la meilleure façon d'infiltrer l'eau. Ralentir l'artificialisation des sols est une étape importante et qui peut se développer ici et maintenant sans coûts insurmontables. Imaginons la couverture végétale des bâtiments existants, ceux au moins dont il est temps de prévoir la réfection. Imaginons ensuite qu'à chaque construction neuve on se questionne. Envisageons qu'au lieu de restaurer l'enrobé bitumineux du parking d'un supermarché, d'une gare, d'un bâtiment recevant du public, on choisisse de privilégier une solution intégrant au moins partiellement le végétal. Agissons sans dogmatisme mais avec régularité. Changeons.

À l'usine de la rue des Roloirs, nous sommes devenus autosuffisants en ressources hydriques en moins de dix ans et sans aucun surcoût. La toiture de tuiles fuyait de toutes parts. Personne ne se plaignait vraiment mais nous nous souvenons toutes et tous très bien de l'emplacement des seaux qui recevaient la pluie dans l'atelier à chaque averse. De l'isolation inexistante et des plaques de torchis dont on évitait la chute en les récupérant dans d'immenses filets tendus en sous-toiture. Cette rénovation longtemps repoussée fut rendue possible par trois bons exercices financiers à la suite. Les résultats réinvestis ont permis de rénover l'enveloppe (sans jeu de mots) de l'usine.

Vient le temps du choix de la nouvelle couverture. Naturellement, nous étudions toutes les propositions. Renforcement de l'isolation, étanchéité, entrée de lumière naturelle, j'y reviendrai (voir le chapitre 6, p. iii), mais toutes les solutions conventionnelles portent sur des matériaux inertes, la tuile classique dans le Nord, la tôle, les composés bitumineux... Des matériaux que l'eau, le vent, le soleil, la neige, les éléments érodent. Induisant une durée de vie limitée. Un investissement d'entretien qu'il faut programmer à brève échéance. Cela pèse sur les comptes. C'est une préoccupation. Tandis qu'à travers nos lectures, nous découvrons que les toitures végétales, depuis la nuit des temps et sous toutes les latitudes, de Californie jusqu'en Norvège, couvrent des maisons.

Pourquoi pas chez nous ? Nous étudions la solidité de la charpente. Notre chance viendra de ce qu'elle date du XIXe siècle et qu'en ce temps, les calculs moins précis ne laissaient pas la place au risque. Elle supportera la nouvelle toiture végétale. Ne restait plus que la sélection des végétaux. Forcément attentive pour ne pas implanter d'essences invasives. Le conservatoire de botanique local nous aide.

Schématiquement : au-dessus d'une couche d'étanchéité et d'isolant, nous disposons une couche de tissu anti-racines pour que les sedums ne percent pas la toiture, puis encore au-dessus nous plaçons des godets et un substrat plus ou moins épais en fonction des plantes retenues.

C'est tout. Pas de surcoût.

Nous décidons d'adjoindre un réseau de gouttières siphoïdes qui, en maintenant un niveau minimal d'eau dans le réseau, permet une évacuation douce et régulière par gravité. Pas d'engorgement ni de débordement.

L'été, 70 % de l'eau reçue par les végétaux de toiture est "évapo-transpirée" sous l'action de la photosynthèse, le solde est récupéré et stocké en sous-sol dans nos cuves-réservoirs. Les proportions s'inversent en hiver, avec seulement 30 % et 70 % en cuves. Il n'y a pas de perte. Notre réseau de distribution pompe dans les cuves. L'eau de pluie non traitée est impropre à la consommation. Nous sommes toujours reliés au réseau communautaire pour les douches, le lavage des mains et la boisson, nous ne sommes donc pas autosuffisants en ressources hydriques à 100 %, mais plutôt à 95 %. En revanche, l'arrosage des espaces verts, tels que le verger conservatoire, les haies arbustives nourricières, les végétaux verti-caux de notre "cuve poilue[1]" ou les jardins, se fait avec l'eau réser-vée, récupérée des précipitations.

Comme le rafraîchissement naturel de l'air de l'atelier. Le prin-cipe adiabatique aspire l'air chaud capté en hauteur dans l'atelier, le dirige vers des filtres en cellulose mouillée d'eau de réserve, et le renvoie rafraîchi de quelques degrés vers l'usine.

Mais, surtout, nous nettoyons nos outils d'impression avec de l'eau de pluie et du savon de Marseille. Car, depuis que nos encres sont à base aqueuse, le nettoyage simplifié devient possible sans apporter de polluants lourds.

La pression exercée par notre activité sur le réseau communau-taire est donc quasi nulle. L'eau de lavage des cylindres encreurs (pour fabriquer des enveloppes, on imprime une partie importante des surfaces, voir le chapitre 2, p. 40) est souillée mais pas toxique. Un mouvement mécanique évacue la boue vers un débourbeur ; là aussi, le mouvement des pales mécaniques suffit à mélanger et homogénéiser le résidu qui est ensuite diffusé par goutte-à-goutte vers le système racinaire de notre bambouseraie.

---

1. C'est une réserve d'eau en cas d'incendie, 570 mètres cubes dans un cylindre d'inox pour lequel nous avons fait développer une structure porteuse qui permet de suspendre des végétaux et de faire disparaître de la vue cet élément trop présent.

– 85 –

Cet astucieux principe, développé par le CNRS et le couple d'ingénieurs Véronique Arfi et Bernard Benayoun, s'appuie sur les qualités de dégradation des souillures par le système bactérien activé par les bambous. Pour notre usage, une zone de 300 mètres carrés a été réservée et parfaitement étanchéifiée. La DREAL (direction régionale de l'Environnement, de l'Aménagement et du Logement) contrôle les effluves résiduels et constate, depuis cinq ans que ce système est activé, sa totale innocuité et sa parfaite efficacité. Nous ne rejetons rien. Tout est traité sur le site. Pari gagné!

Car, du point de vue des trois critères principaux de l'écolonomie (la baisse de la dangerosité et de la pénibilité des postes, la baisse de l'impact de l'activité sur l'environnement et les gains de productivité), nous ne polluons pas : l'eau purifiée sur place provient de la ressource naturelle et ne nécessite plus de transport par camion-citerne vers le lieu de dépollution, il n'y a aucun risque pour nos collègues, qui ne manipulent pas de produits chimiques, mais disparition de notre pression sur le réseau communautaire et gratuité (une fois payée l'installation des bambous, qui s'équilibre au bout des cinq premières années par la suppression du budget d'évacuation par camions).

L'autosuffisance en ressources hydriques est une grande fierté pour l'équipe. Nous sentons qu'elle nous rapproche de nos préoccupations profondes. Le monde a soif. Les populations souffrent. À notre échelle, nous agissons.

Le problème de la ressource en eau nous concerne, à l'échelle de notre usine, comme il concerne les industriels du textile. Face au désastre hydrique provoqué par les plantations de coton dans le monde, en Inde, sur le continent asiatique ou en Amérique, Éric, notre entrepreneur du textile, a depuis longtemps résolu de faire appel à des productions de coton bio. Je le laisse nous en expliquer le mode de fonctionnement et les avantages, en reprenant ici une autre partie de notre entretien.

"On propose l'usage du coton biologique le plus souvent possible, même s'il y a une petite différence de prix. Ce n'est pas toujours facile puisque ce que nos clients exigent, ce sont des marges." On voit, et ce n'est pas une découverte, que la question des marges écrase toutes les autres dans tous les secteurs de l'économie. Et pourtant, si le coton était exclusivement biologique, l'effet serait majeur pour la santé et l'environnement. Comme l'explique Éric, le bio, c'est du coton cultivé et récolté par des filières certifiées. "Sa culture respecte la terre qui ne s'assèche pas, et on n'emploie pas de pesticides. Cela ressemble à ce que nous faisons en Europe pour les produits d'agriculture biologique. Beaucoup de facteurs entrent en jeu. Nous prenons en compte l'environnement, le sol et la santé. Nous revenons à une agriculture comme celle de nos anciens : avant de nourrir la plante, on nourrit le sol. C'est-à-dire que nous supprimons les engrais minéraux et que nous les remplaçons par des engrais organiques. En fonction des qualités de fil recherchées, le coton bio est 10 à 15 % plus cher à la tonne mais, ramenée au prix d'un tee-shirt, la différence est faible : de 3 euros pour un produit conventionnel, on passe à 3,10 ou 3,20 euros en bio."

Une différence qui garantit que la terre est travaillée dans le respect des cycles naturels. En respectant la rotation des cultures, en polyculture, on ne puisera pas toujours les mêmes nutriments dans le sol. En "amendant" la terre, comme le faisaient autrefois les paysans, on améliore la structure du terrain. Plus d'aération donne un sol plus perméable, ce qui permet de meilleurs échanges entre l'atmosphère (air et eau) et les racines des plantes. La plante devient ainsi plus résistante et n'a plus besoin de produits phytosanitaires, notamment de pesticides. Quand on respecte le cycle naturel de la plante, elle résiste seule. Toutes celles et ceux qui, comme Éric, pratiquent l'agriculture, cultivent leur jardin ou entretiennent des forêts ont pu se rendre compte par eux-mêmes des effets d'une démarche biologique respectueuse des sols.

Éric l'affirme, on trouve le coton bio dont on a besoin si on sait le chercher. Il faut connaître les bonnes filières. Le point de blocage reste le prix pour beaucoup de clients. Quand ce verrou cède, toutes les certifications suivent. "On travaille en transparence, on réalise des audits dont les résultats sont contrôlés et fiables. Il reste à convaincre les consommateurs qui adhèrent bien et de mieux en mieux au bio dans l'alimentation, mais pas encore, ou beaucoup moins, dans le textile et l'habillement. Dans le fond, ce qui changera la position du distributeur, ce sera l'attitude du consommateur. Les Nordiques sont beaucoup plus sensibles que les Latins. Ce sont des produits de mode, qui changent régulièrement, mais nous pouvons respecter ces critères."

Pour convaincre les distributeurs et leurs clients, un comparatif de type "analyse du cycle de vie" a été réalisé entre un tee-shirt en coton conventionnel et un tee-shirt en coton bio. La filière y a travaillé avec des organisations non gouvernementales, ce qui est important car les oppositions sont multiples et puissantes. Les géants de l'agroalimentaire vendent du coton modifié génétiquement, ce qui est diamétralement opposé au développement d'une culture purement biologique. Et les principaux pays de culture du coton sont corrompus, leurs États sont corrompus ; pour obtenir des autorisations, il "suffit de corrompre" des "politiciens véreux, comme au Pakistan par exemple", me dit Éric. Cela permet de faire n'importe quoi, au détriment, comme toujours, des premières victimes : la population locale.

Éric Sauvage le confirme, au Bangladesh, les industriels pompent l'eau directement dans les nappes phréatiques et ne la paient pas. En 1992, il fallait plonger les tuyaux à 100 mètres dans le sol pour y trouver les ressources nécessaires, vingt ans plus tard, il faut descendre à 350 mètres. N'oublions pas qu'un tee-shirt en coton demande 10 000 litres d'eau pour sa production.

Face à l'incurie des grands distributeurs, les marques clientes de ces usines du Bangladesh notamment, Éric explique, complètement écœuré, que les questions environnementales, qu'il soulève régulièrement dans les entretiens qu'il a avec ses clients, sont le dernier de leurs soucis. Tellement écœuré qu'il a entrepris avec succès de réorienter son groupe vers le haut de gamme et l'industrie des créateurs du luxe à la française.

Mais il faudra que la grande distribution mondiale et les marques du prêt-à-porter de masse se réforment complètement et dans des délais extraordinairement courts. C'est une question de survie de l'humanité. Rien de moins.

Que ce soit à l'échelle de notre usine ou à celle d'une filière de production, des solutions existent, on le voit avec les exemples présentés ici. C'est une question de volonté, d'information et de détermination. C'est aussi une question d'empathie vis-à-vis de populations parfois lointaines.

Les ressources en eau font l'objet d'une attention de tous les États du monde. Ceci sans aucune exception. Avec les changements climatiques, la pollution et la surpopulation, près de 2 milliards d'êtres humains manquent d'eau douce[1]. En 2025, on en prévoit 2,4 milliards, comme le signale Frédéric Lasserre, l'un des meilleurs géopoliticiens de l'eau, directeur de l'Observatoire de recherches internationales sur l'eau de l'université de Laval, au Québec, et auteur des *Guerres de l'eau*[2]. La ressource hydrique potable est mal répartie sur le globe et, comme le rappelle Michel Rocard dans la préface de ce même ouvrage, "l'eau ne se transporte guère".

D'autre part, comme le montre *Océans*, le film documentaire de Jacques Perrin en 2012, la source initiale de la vie sur Terre vient des océans. La chaîne du vivant, depuis les chutes d'astéroïdes glacés qui ont ensemencé la croûte terrestre jusqu'à la rendre quasi

---

1. www.lemonde.fr/planete/article/2013/05/14/2-4-milliards-d-habitants-prives-d-eau-potable-selon-l-onu_3200240_3244.html.
2. Frédéric Lasserre, *Écologie, irrigation, diplomatie, comment éviter les guerres de l'eau*, Delavilla, 2009.

complètement liquide, l'alternance de périodes glaciaires et chaudes (qui se comptent en millions d'années), notamment par la fusion du cœur de la planète et ses volcans, la chaîne du vivant que nous connaissons aujourd'hui a mis des millions d'années à créer les conditions que nous tendons à déstabiliser avec un acharnement systématique depuis la première révolution industrielle. Or, les océans, qui représentent des ressources directes pour près de 3 milliards d'êtres humains, produisent aussi 50 % des ressources en oxygène de la planète. Le plancton marin a créé les conditions favorables à la vie. Ne détruisons pas la bibliothèque du vivant avant de l'avoir lue et comprise.

Nous sommes peu conscients des effets de nos actes collectifs. C'est parce que nous, l'équipe de Pocheco, voulons prendre notre part dans la résolution des problèmes que nous agissons tous les jours dans le cadre de notre activité.

L'eau est précieuse et rare, mais il existe des méthodes complètement naturelles pour nettoyer les effluents souillés. On peut créer des stations d'épuration pour les eaux usées au fonctionnement complètement naturel et sans un centimètre cube de béton : Véronique Arfi et Bernard Benayoun ont créé les bambouseraies de phytore-médiation. Ces chercheurs, trouveurs, créateurs (avec une équipe du CNRS) du bambou de phytoremédiation ont aussi inventé un métier : agriculteur dépollueur. Au Mexique, à la Réunion ou dans le vignoble champenois, mais aussi sur l'île Maurice, ils implantent des bambouseraies de phytoépuration depuis une dizaine d'années.

Sur l'île Maurice, les autorités locales cherchaient de longue date un moyen de réduire, voire de supprimer leur dépendance à l'égard des hydrocarbures. L'île n'en produit pas et elle est éloignée du continent. Le seul moyen d'acheminement, ce sont les supertankers de pétrole brut. L'autre problème récurrent portait sur le nettoyage des effluents souillés par l'afflux de touristes, qui fait peser une forte pression sur les réseaux locaux. L'équipe de chercheurs français a proposé une station d'épuration à base de bambous, dont la surface de 1 000 hectares permet de traiter par phytorémédiation l'ensemble des effluents, mais aussi de créer une filière de transformation du bambou en carburant vert. Opération à haute valeur écolonomique! On change de perspective et de dimension. On réduit le risque et l'impact sur l'environnement en coupant l'approvisionnement de fioul brut par supertanker. Plus d'émissions de gaz à effet de serre par combustion. Une terre et des eaux usées dépolluées par les bambous qui absorbent aussi les polluants de l'air. Gains économiques sonnants et trébuchants pour les services de l'État et les citoyens. L'île gagne sur tous les plans et crée, cerise sur le gâteau, des emplois localement pour l'entretien et la transformation des bambous. Ce procédé est particulièrement adapté à ces régions chaudes où les bambous sont une espèce indigène.

Une très grande partie des surfaces habitées de notre planète pourraient bénéficier de ce traitement vertueux. L'eau est un bien précieux qu'il convient de préserver et dont il faut entretenir les réserves.

Agir dans l'état d'esprit de l'écolonomie, c'est choisir de créer un lien entre le monde et nos vies quotidiennes. Nous placer en empathie avec les souffrances des gens et les catastrophes qu'ils subissent, non pas en observateurs effrayés et tristes, mais en acteurs.

L'eau est un bien rare partout sur la planète, mais parfois on se demande quels raisonnements guident les choix du législateur français, par exemple quand on choisit délibérément de limiter la récupération des eaux de pluie dans les jardins et sur les toitures, au nom de la préservation de règles d'hygiène qui ne sont en fait que le faux nez de lobbies puissants.

Qui décide en France? L'État? Si j'en crois Marc Laimé dans son livre *Le Lobby de l'eau*[1], le système français fait la part belle au mélange des genres. Il semble que nous soyons devenus les champions du

1. Bourin, 2014.

conflit d'intérêts. Cela ne dérange personne que de grands commis de l'État, passés par les plus hautes fonctions publiques, séjournent dans les conseils d'administration des fédérations d'agriculture ou des plus grandes entreprises, puis retournent au public. Ainsi, des élus sont présents dans les conseils d'administration et parfois à des postes opérationnels dans les DREAL, au ministère de l'Agriculture, à la FNSEA (Fédération nationale des syndicats d'exploitants agricoles), chez Véolia, Suez, la SAUR (Société d'aménagement urbain et rural), chez la Lyonnaise des eaux ou au Bureau de recherches géologiques et minières. Tous ces acteurs sont les maîtres de l'eau en France et immobilisent le système. Ils engagent même des campagnes contre l'eau de pluie en brandissant la menace de maladies lourdes.

En lisant la réglementation sur l'usage de l'eau de pluie, on se demande s'il faut voir un lien entre les restrictions strictes et l'influence des lobbies sur les décisions des organismes de l'État. Selon l'article 2 de l'arrêté du 21 août 2008, qui reprend des notions présentes dans le Code de la santé publique, les eaux pluviales bénéficient :

– d'une autorisation libre pour l'arrosage des espaces verts, le lavage des sanitaires et des sols ;

– d'une autorisation spécifique pour le lavage du linge. Chaque personne qui utilise de l'eau de pluie pour sa machine à laver doit installer un dispositif de traitement des eaux pluviales ; dispositif lui-même certifié par le ministère. Chaque installation est ensuite entrée dans la base de données du ministère, qui pourra contrôler les installations des particuliers.

Mais les eaux pluviales sont interdites dans tous les autres domaines : contact avec la peau, consommation, cuisson...

À notre échelle industrielle, nous réservons 570 mètres cubes dans une cuve extérieure pour garantir l'approvisionnement de notre système d'extinction en cas d'incendie. L'eau ne peut provenir que du réseau, nous disent les instances. La cuve doit être vidée tous les deux ans pour vérifier son intégrité. Tous les deux ans, nous jetterons donc 570 mètres cubes d'eau potable.

Pourquoi ne pas accepter notre demande ? Nous souhaitons remplir notre cuve d'eau de pluie. Puis nous préférerions faire venir des plongeurs spécialisés pour vérifier de l'intérieur que la cuve est en parfait état, plutôt que de perdre et de gâcher cette eau. Combien de bâtiments industriels comptent des cuves de réserve d'eau pour l'incendie sur le territoire national ? Quelles quantités pourraient ainsi être économisées ?

Pendant que nous nous questionnons et que nous cherchons de meilleures options pour gérer ce capital indispensable à toutes les formes de vie sur Terre – l'eau –, les glaciers de la cordillère des Andes, en Amérique du Sud, fondent très vite. Bernard Francou, chercheur au CNRS et grand spécialiste des glaciers, a passé trente années à étudier leur évolution. Précisément, depuis 1976. Cette date marque la fin des Trente Glorieuses, que j'ai déjà évoquées, en même temps que l'accélération visible et mesurable du réchauffement de notre climat sous l'effet de nos actions. C'est entre 1976 et 2015 que l'augmentation moyenne de la température à la surface du globe a enregistré un bond de 0,8 degré.

Les sommets andins culminent à plus de 5 000 mètres d'altitude. L'étude s'y fait dans des conditions extrêmes. Certains glaciers ont déjà disparu, quand les prévisions les plus pessimistes envisageaient une fonte complète vers 2020. Pour la société andine, le glacier est une divinité. Il fait l'objet d'un culte séculaire. Mais le glacier est aussi un régulateur thermique et, comme l'explique Bernard Francou dans le reportage qui lui a été consacré par la chaîne de télévision Arte[1] en 2012, il est surtout une réserve d'eau qui semblait intarissable, au point que le million d'habitants de La Paz, la capitale de la Bolivie perchée à près de 4 000 mètres d'altitude, sont aujourd'hui encore persuadés que l'eau ne manquera jamais.

---

1. Bernard Francou est aussi l'auteur d'un livre récent consacré à l'étude des glaciers andins : *Quoi de neuf sur la planète blanche ?*, Glénat, 2015.

En fondant, les glaciers entretiennent cette idée d'abondance. Mais l'équilibre qui se faisait a été rompu, les quantités qui fondent ne se reconstituent pas. La source mère disparaît. Les Andins devront rapidement construire des retenues pour continuer d'alimenter en eau leurs métropoles, faute de quoi ce sera le chaos. Pas dans cinquante ans. Mais pendant la décennie qui a commencé.

L'eau est rare et c'est un bien précieux. On le voit au travers des quelques exemples glanés sur le pourtour de notre planète, c'est un sujet quand le niveau de la mer monte, c'en est un quand les glaciers fondent, quand les mers sont asséchées ou les fleuves tellement pollués. Donc, en prenant conscience de cette réalité, nous décidons de nos actions coordonnées, comme entrepreneurs et comme citoyens, et nous changeons notre rapport au monde.

CARTE DE LA BIODIVERSITÉ
SUR LE SITE DE POCHECO

① Le verger conservatoire et de maraude

Pruniers
- 1-2 Reine-claude d'Althan
- 3 Sainte-Catherine
- 4 M. Hatif
- 5-6-7 Reine-claude dorée

Pommiers
- 8 Reinette Descardre
- 9 Reinette de France
- 10 Reinette de Fugelan
- 11 Reinette des Capucins
- 12 Reinette de Waleffe
- 13 Cabarette
- 14 Gris Brabant
- 15 Rouge
- 16 Fleur double
- 17 Double bon rouge
- 18-19 Transparente

Cerisiers
- 20-21 Du Sars
- 22-23 Blanche
- 24-25 Guigne noire

Poiriers
- 26-27 Sucré de Montluçon
- 28-29 Grosse Louise
- 30-31-32 Comtesse de Paris
- 33-34 Beurré d'Anjou

FLORE
- A Toiture végétalisée (sedums)
- B Cuve végétalisée (plantes locales)
- C Bambous
- D Bambousaie de phytoremédiation
- E Jardin à l'anglaise
- F Prairie fleurie
- G Haie défensive
- H Framboisiers
- I Verger conservatoire et de maraude
- J Jardin espace vert
- K Terrain de grainades

FAUNE
- L Nichoir mésange bleue
- M Ruches
- N Nichoir chouette effraie des clochers
- O Nichoir mésanges
- P Nichoir mésanges charbonnières
- Q Gîte à hérissons
- R Gîtes à chauves-souris
- S Nichoir faucons crécerel's
- T Nichoir chouettes chevêches d'Athéna
- U Nichoirs hirondelles
- V Mangeoire
- W Frogitat (gîte anglais pour grenouilles)

illustration: nicolas@rue082.com

Fiche : Énergies

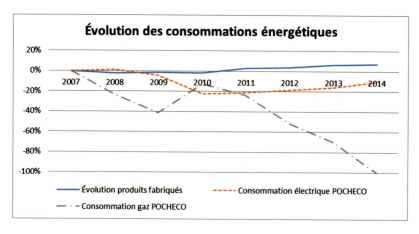

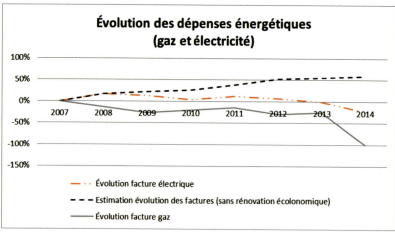

Chiffres clés sur l'énergie chez POCHECO 2014

Économique :	Écologique :
250 000 € / an d'économies d'énergie	430 000 kg éq. CO_2 économisés chaque année
118 000 € / an de production d'énergie	

Fiche : Eaux

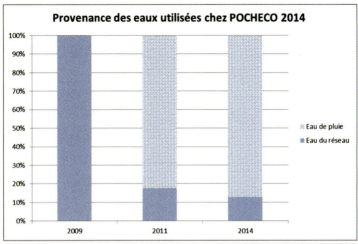

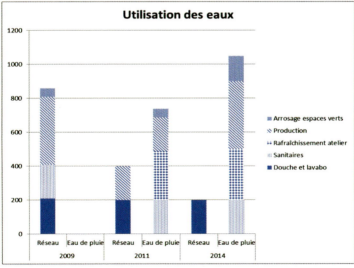

Chiffres clés sur l'eau chez POCHECO 2014

Économique :	Écologique :
Réduction de 77 % d'utilisation d'eau du réseau	100 m^3 de capacité de stockage d'eau pluviale
5 500 € économisés	

Fiche : La biodiversité

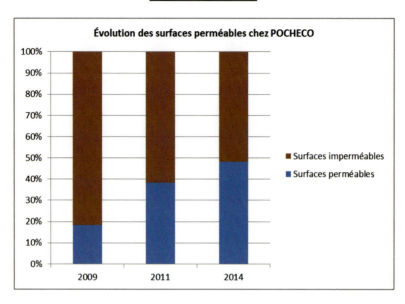

Étapes d'intégration de la biodiversité sur le site de POCHECO

2009	Avril	Végétalisation toiture bureau 200 m²
2011	Mars	Végétalisation toiture atelier 1 200 m²
	Avril	4 ruches installées
	Mai	Installation de la bambousaie de phytoremédiation
2012	Avril	8 ruches supplémentaires installées
	Mai	Végétalisation d'une partie de la toiture 100 m²
2013	Juillet	Voirie pompiers végétalisée 1 280 m²
	Août	Pose du premier nichoir LPO
2014	Janvier	Ouverture sur le jardin du 11, rue des Roloirs (400 m²)
	Février	Création d'un partenariat avec 2 maraîchers locaux
		Plantation de 280 m linéaires de haie défensive
	Mars	Plantation du verger conservatoire et de maraude (800 m²)
	Avril	Plantation de 300 framboisiers
		Plantation de bambous sur le site
	Mai	Végétalisation de toiture (bâtiment de stockage – bâtiment de la maintenance – bâtiment AGORA 1 120 m²)
	Juillet	Végétalisation de la cuve de sprinklage (200 m²)
	Octobre / Novembre	Inauguration refuge LPO
2015	Septembre	Création d'une mare (20 m²)

Fiche : Déchets

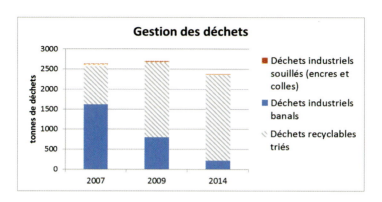

Chiffres clés de la gestion des déchets 2014

Économique :	Écologique :
99 % de nos déchets sont recyclables	470 000 kg éq. CO_2 / an économisés chaque année
91 % de nos déchets sont triés	
Économies : 360 000 € / an	

Photo aérienne de POCHECO, juin 2015 ©Frédéric Flippe, R'Media

Fiche : Écolonomies

Chiffres clés des écolonomies chez POCHECO

	Actions	Investissement	Coût annuel	Économies annuelles	Gains environnementaux annuels
Matières premières	Écoconception	1 737 000 €	62 000 €	338 500 €	1 152 304 kg éq. CO_2
Organisation	Certifications	-	20 000 €	50 000 €	-
Transport	Gestion	-	-	27 000 €	122 000 kg éq. CO_2
Déchets	Traitement des déchets sur place	180 000 €	5 000 €	360 000 €	470 000 kg éq. CO_2
Conditions de travail	Amélioration du confort	702 187 €	-	-	-
Eau	Récupération des eaux pluviales	103 000 €	500 €	5 500 €	425 kg éq. CO_2
Énergie	Production locale	3 264 157 €	23 860 €	250 000 €	360 000 kg éq. CO_2
	Optimisation				-
Bruit	Rénovation	60 378 €	-	-	-
Biodiversité	LPO, associations, toiture végétale	614 712 €	-	15 000 €	-
	TOTAL	6 661 434 €	111 360 €	1 031 000 €	2 104 729 kg éq. CO_2

Récapitulatif

Réduction des émissions de gaz à effet de serre depuis 1996	Retour sur investissement global	Écolonomies totales réalisées depuis 1996
24.8 %	7 ans	9 522 316 €

Source des données : CANOPÉE CONSEIL

Analyse du cycle de vie comparative
d'un document de gestion envoyé par courrier et par courriel
Mai 2011

Méthode

Une analyse du cycle de vie est une analyse complète et complexe qui dépasse largement, en l'intégrant toutefois, la problématique de l'empreinte carbone. Les impacts sur l'épuisement des ressources naturelles, l'air, l'eau et l'humain sont également mesurés tout au long du cycle de vie du produit. Un cabinet d'ingénierie spécialisé a réalisé l'analyse de cycle de vie comparative d'un document de gestion envoyé, réceptionné, consulté et archivé, par courrier et par courriel. Le terme "document de gestion" recouvre factures, relevés de compte et relevés de situation. Conformément à la norme ISO 14040, cette analyse a été validée par un collège d'experts indépendants.

Les 5 étapes de l'analyse du cycle de vie

1. Extraction et transformation des matières premières

COURRIER	COURRIEL
• Papier, carton, colle, encre	• Composants informatiques et électroniques (serveurs, onduleurs, cables, écrans, ordinateurs, imprimantes, box ADSL, souris, clavier...) • Papier, encre

2. Production du document

COURRIER	COURRIEL
• Prise en compte des consommations énergétiques de : - la fabrication de l'enveloppe labellisée NF Environnement - l'impression de 2 feuilles sur papier certifié FSC ou PEFC - la mise sous pli	• Prise en compte des consommations énergétiques de : - la création du courriel d'alerte - la création de la facture - l'hébergement du document sur internet

3. Envoi du document

COURRIER	COURRIEL
• Trajets en camionnette, camion et voiture	• Envoi du courriel d'alerte • Prise en compte des consommations énergétiques

5. Traitement de la fin de vie du document

COURRIER	COURRIEL
• Recyclage du papier (document & enveloppe)	• Filière DEEE (Déchets d'équipements électriques et électroniques) • Recyclage du papier (impression)

4. Réception, consultation, archivage du document

COURRIER	COURRIEL
• Archivage (dans un classeur constitué de 1/4 fer et 3/4 carton)	• Réception, ouverture du mail et consultation du document - Prise en compte des consommations énergétiques depuis le courriel jusqu'à la fin de la consultation et de l'impression du document

Modélisation

Une fois collectées, les données pour chaque étape sont modélisées à l'aide d'un logiciel qui mesure l'impact sur dix indicateurs environnementaux. Le document papier du cas de base est constitué de 2 feuillets A4 imprimés recto verso (voir l'étape 2 du périmètre de l'analyse du cycle de vie).

À titre d'exemple…

L'impact environnemental du document numérique croît avec le temps passé sur internet et la fréquence d'impression. Cinq hypothèses sont établies, en faisant varier ces deux critères, entre 1 et 30 minutes de consultation et entre 0 et 100 % de taux d'impression.

Pour prendre un exemple, un temps de consultation de 3 minutes avec impression systématique du document nous montre que le document numérique est plus impactante que le document papier, quel que soit l'indicateur retenu.

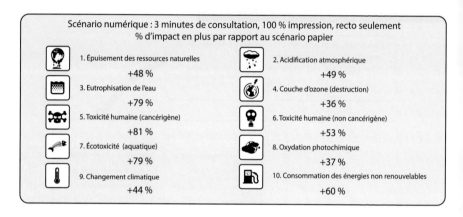

Scénario numérique : 3 minutes de consultation, 100 % impression, recto seulement
% d'impact en plus par rapport au scénario papier

1. Épuisement des ressources naturelles +48 %
2. Acidification atmosphérique +49 %
3. Eutrophisation de l'eau +79 %
4. Couche d'ozone (destruction) +36 %
5. Toxicité humaine (cancérigène) +81 %
6. Toxicité humaine (non cancérigène) +53 %
7. Écotoxicité (aquatique) +79 %
8. Oxydation photochimique +37 %
9. Changement climatique +44 %
10. Consommation des énergies non renouvelables +60 %

Conclusions

- Le document de gestion envoyé par courriel est globalement plus impactant que le même document envoyé par courrier. Les impacts du cycle de vie du document de gestion numérique sont fortement dépendants du comportement du client final recevant le document : temps de consultation et paramètres d'impression.

- Le document papier est systématiquement plus avantageux que le document numérique sur les indicateurs de pollution de l'eau (eutrophisation et écotoxicité aquatique) et de toxicité humaine (cancérigène).

- Dans la quasi-totalité des hypothèses numériques, le document envoyé par courriel nécessite la consommation de plus d'énergie non renouvelable que le scénario papier.

- Dans le scénario papier, ce sont les deux pages du courrier qui sont à l'origine de la plupart de l'impact environnemental (cela est logique car les feuilles représentent 75 % de la masse du pli.)

- Pour le scénario numérique, l'ordinateur et l'impression représentent la majorité de l'impact environnemental.

5

BIODIVERSITÉ ET AUTOSUFFISANCE ALIMENTAIRE POUR TOUS ET PARTOUT

L'humanité est récente à l'échelle du temps, et elle est vulnérable.

HUBERT REEVES[1]

"Ici, tu n'as qu'à te pencher pour ramasser une fleur comestible", une baie nourrissante, une salade croquante. Notre écologue avance d'un pas concentré, le regard principalement tourné vers le sol, il parle à voix basse comme pour lui-même, pour ne pas troubler la quiétude du lieu et pour nous engager à le suivre en silence. Jean-Claude Bruneel a fait tout le chemin depuis Dunkerque pour nous rendre cette visite instructive. Comprendre de quelles essences est composé notre jardin que les abeilles, les coléoptères, les insectes de toute sorte, les oiseaux et le vent ont ensemencé ces dernières années. Tel est l'objet de cette première rencontre. Nous suivons Jean-Claude. Le trèfle incarnat, la fleur de la carotte sauvage, la bardane ou les fleurs du radis sont nectarifères. L'achillée millefeuille aussi, cousine du génépi des Alpes.

Là, de la phacélie très mellifère, puis nous passons un quasi-buisson de moutarde noire, froissons une mauve du Nord, grimaçons au nom de l'ortie puante pourtant tellement bonne au goût qu'on pourrait en mélanger les jeunes pousses en salade avec celles du hêtre pourpre et celles du pissenlit (dont trois jeunes pousses par jour suffisent à couvrir nos besoins quotidiens en vitamine C).

"Tu as déjà goûté le canapé d'ortie crue hachée menu, et les grappes du sureau, comestibles (au contraire de ses feuilles toxiques) ?" Là une petite brunelle, ici de la luzerne qui fixe l'azote du sol comme le haricot "orteil du prêcheur" qui se ressème lui-même et dont le pied résiste à -15 degrés. Encore une laitue poilue, une armoise, un pied de houblon. Si j'étais une abeille, je verrais aussi de belles ressources sur ce site.

1. Le 16 avril 2015, à l'occasion de l'inauguration de l'Oasis Nature de l'association Humanité et Biodiversité, sur le site de Pocheco.

La cuve de réserve d'eau pour l'incendie mesure une dizaine de mètres de haut pour un diamètre équivalent, elle a été doublée d'une peau composée de panières en métal qui retiennent de la sphaigne. Cette fibre végétale de 8 à 15 centimètres de longueur est imputrescible et, séchée, retient jusqu'à vingt fois son poids en eau. L'arrosage se fait au goutte-à-goutte (c'est plus économique) à partir des réserves d'eau de pluie. Au lieu de déchirer le paysage bucolique d'une masse d'inox, en couvrant la cuve nous avons créé une prairie verticale de 200 mètres carrés. Les panières ont été ensemencées de plus de six mille pieds de plantes indigènes choisies avec le conservatoire botanique de Bailleul. Aucune essence locale ne sera perturbée par cette nouvelle implantation. Issues de l'agriculture biologique, ces plantes sont très mellifères. Nous les avons choisies pour cela. Pour les insectes pollinisateurs et notamment les abeilles, dont nous hébergeons une douzaine de ruches sur le site, c'est une nouvelle ressource.

Cardamine des prés (on dirait le prénom suranné d'une jeune fille de la noblesse ancienne), reine-des-prés, fleur de coucou, brunelle commune, achillée millefeuille, millepertuis perforé, grande marguerite, plantain lancéolé, salsifis des prés, petite pimprenelle, saponaire officinale, origan, fraisier des bois, succise des prés, bétoine officinale, bugle rampante, fétuque de Léman ou laîche à épis pendants : autant d'essences variées qui fleurissent puis mûrissent avant de s'éteindre, accompagnant le rythme des saisons.

Ce que nous ont appris Josine et Gilbert Cardon au cours d'une session (bondée !) de présentation de leur forêt comestible de Mouscron (en Belgique, à quelques encablures de Pocheco), ce que nous disent Perrine et Charles Hervé-Gruyer dans leur ferme du Bec Hellouin en Normandie[1] ou ce que nous suggèrent notre écologue,

---

1. Perrine et Charles Hervé-Gruyer ont créé cette ferme où ils pratiquent la permaculture et l'agroforesterie. Ils sont les auteurs de *Permaculture*, Actes Sud, 2014.

Jean-Claude Bruneel, et avec lui les volontaires engagés au sein de notre association Canopée Reforestation, ou encore l'astrophysicien et écologiste Hubert Reeves quand nous le recevons, ou le protecteur des oiseaux Allain Bougrain-Dubourg, c'est que chaque centimètre carré de terre libéré de l'artificialisation participe à la solution globale pour la préservation de notre planète. On peut agir.

Dans la forêt comestible de Mouscron, le jardin des Fraternités ouvrières cultivé depuis trente-cinq ans par Josine et Gilbert Cardon, on trouve et on ramasse des fruits et des légumes d'une telle abondance que la seule difficulté que rencontrent les jardiniers, c'est de tout manger. On suit la promenade commentée par Franck Nathié, botaniste écrivain et formateur en jardin-forêt et en forêt nourricière. Dès les dix premiers mètres, l'étonnement précède l'émerveillement devant la richesse des plantes, le nombre de variétés et leur santé éclatante. Une pancarte indique que, depuis près de quarante ans, ce sol n'a pas subi de traitement chimique. Les apports sont naturels, principalement des déchets récoltés et dispersés sans passer par un compostage, d'ailleurs.

Comment Josine et Gilbert Cardon ont-ils imaginé que, sur 1 800 mètres carrés, ils pourraient planter 5 000 espèces différentes, dont 2 700 arbres, et que, sans jamais arroser ni introduire le moindre pesticide ou encore le moindre engrais, ils pourraient entretenir cette surface en respectant tellement la terre qu'elle regorge de 3 kilogrammes de vers de terre par mètre carré ?

L'autre difficulté, expliquent ces jardiniers hors du commun, serait de montrer aux visiteurs une tache d'oïdium ou une araignée rouge, car les insectes, champignons et maladies sont immédiatement anéantis par leurs prédateurs naturels et par la biodiversité. La seule intervention se limite à la coupe régulière (tous les deux ans environ) de la canopée (cime) des arbres pour laisser la lumière faire son œuvre jusqu'au sol.

Cette expérience inédite se multiplie désormais. C'est le cas de l'oasis créée par les Colibris de Lablachère en Ardèche. Avec leurs buttes en spirale mandala, on y pratique l'agroécologie chère à Pierre Rabhi, qui, en Ardèche et sur les sols initialement pauvres et secs d'Afrique, transmet son savoir-faire.

Il faut un peu de terre et quelques connaissances pour retrouver le geste respectueux et nourricier. Sans chimie, sans brutalité et sans pollution, ces terres deviennent beaucoup plus riches et productives que les terres agricoles les plus travaillées par l'agro-industrie chimique[1]. Reste à mettre cela en œuvre entre collègues sur le territoire de notre usine.

D'autres que nous, si j'en crois l'expérience des citoyens solidaires de Todmorden en Angleterre qui ont créé le mouvement des Incroyables Comestibles[2], ont résolu de faire de leur ville un immense jardin partagé, auquel tout le monde peut contribuer. Les citoyens deviennent alors des apprentis jardiniers, ils plantent, cultivent et récoltent les légumes et les fruits en libre-service. Ce mouvement citoyen et solidaire se propage dans le monde entier. Pourquoi pas chez nous, ici, à l'usine ?

Déjà, en 2012, nous avons planté un verger conservatoire et de maraude. Maraude, dans notre patois nordiste, c'est pour dire que les enfants (et leurs parents) sont invités à se promener sur le terrain et à ramasser les fruits qui s'y trouvent. Conservatoire, c'est pour dire notre engagement à sélectionner des variétés rares.

Après une récente discussion, un petit groupe de collègues a proposé de planter quelques lignes de légumes sous la frondaison du jeune verger. Aller vers une forme d'agroforesterie, c'est-à-dire engager des plantations complémentaires sur un terrain en favorisant la diversité des essences et des espèces. Des arbres qui enfoncent profondément leur système racinaire tandis que les légumes établissent

1. Cf. Perrine et Charles Hervé-Gruyer au Bec Hellouin, leur ferme en Normandie.
2. *Les Incroyables Comestibles*, Actes Sud, 2015.

plutôt un réseau capillaire de surface, qui devient complémentaire du point de vue des apports et des échanges de matières organiques et de ressources hydriques. D'une manière générale, les agroécologistes raisonnables et bien informés défendent l'idée que la terre, si elle est bien traitée, produit de bons végétaux. *Le Sol, la terre et les champs*, de Lydia et Claude Bourguignon[1], présente de manière didactique et compréhensible pour un non-initié les enjeux de la microbiologie des sols. Il n'est nul besoin de creuser des sillons profonds à coups d'outils métalliques contondants (les auteurs assimilent d'ailleurs cet acte à un viol), et encore moins de rajouter des intrants et des produits phytosanitaires. Un sol s'analyse et se respecte. Les plantes y trouveront la nourriture utile, elles se succéderont intelligemment en rotation, les vers de terre y transformeront les nutriments et creuseront des galeries qui contribuent à la perméabilité des sols.

Souvent, la vie, pour reprendre le dessus, demande seulement un peu de respect et d'observation. En 2004, chez Pocheco, 4 % de la surface du sol était végétale. En 2014, 40 %. Sans tenir compte des surfaces de murs verticaux que nous couvrons peu à peu de végétaux variés. Partout, la question du végétal se pose à nous. Quand nous avons décidé de détruire complètement la dalle de soubassement de l'ancien bâtiment de stockage qui a brûlé dans le grand incendie de 2011 (deux épaisseurs de 40 centimètres de béton), l'entrepreneur que nous avions choisi pour la reconstruction recommandait de casser la première couche de béton, puis de planter une prairie fleurie. Accéder à la seconde dalle plus profonde représentait, selon lui, un coût inutile. Puisque nous tenions tant à planter des arbres à cet endroit – plutôt que d'y reconstruire une bâtisse pour loger des activités industrielles rentables –, il suffirait de creuser des "puits" d'un diamètre suffisant. Mais ce raisonnement ne tenait pas l'analyse. Notamment en termes d'écoulement des eaux

1. Sang de la Terre, 2015.

et de respiration de la terre. Le coût économique plus élevé ne nous a pas arrêtés. Les deux couches de dalle furent détruites et récupérées pour consolider les fondations du nouveau bâtiment. Plus resserré en surface au sol (1 800 mètres carrés contre 3 000 mètres carrés avant l'incendie), il libérait l'espace nécessaire à notre verger conservatoire et de maraude. Après quelques années seulement, la décision incongrue et "antiéconomique" de l'époque ne pose plus question à personne.

On m'a souvent opposé que la croissance économique justifiait de gagner de la productivité et d'exploiter chaque centimètre carré du site. À condition que la croissance économique soit notre seul but. Ce qui n'est pas le cas. Nous voulons rester rentables, c'est une question de survie de l'activité. Et nous voulons réapprendre à vivre, c'est une question de survie "tout court". Pour cela, notre environnement quotidien doit permettre le contact avec la terre et les espèces animales ou végétales qui la peuplent. Notre chance de disposer d'un espace assez vaste pour y intégrer la nature se mesure tous les jours.

Avec l'Agence de l'eau, nous avons compris que notre choix de rendre un espace naturel en le désimperméabilisant nous épargnerait de futures inondations. Avec le conservatoire botanique de Bailleul et l'aide de spécialistes de la microbiologie des sols, nous avons préparé le sol de notre verger conservatoire. Puis nous avons planté des prairies fleuries avec les graines de l'association Kokopelli. S'il faut absolument que ces gestes soient quantifiés de manière comptable, dans le même temps nous avons gagné 2 % de productivité[1].

Tandis que nous réduisons les nuisances et que nous rétablissons un équilibre avec la nature, nous agissons concrètement à notre échelle pour sa préservation. Par exemple, la Ligue pour la protection des oiseaux (LPO) a pu implanter treize nichoirs sur notre site. Parce que, "durant la dernière décennie, les oiseaux inféodés à des

---

1. Comment et pourquoi avons-nous gagné de la productivité ? Une explication synthétique de nos méthodes se trouve résumée dans le cahier couleur du présent ouvrage.

milieux bâtis et agricoles sont en train de diminuer. Les causes de ce déclin sont multiples mais la dégradation et la perte des habitats sont les principales menaces[1]." Il se trouve que le site de l'usine est survolé par un important couloir de migration aérienne. Il n'est pas rare d'observer, en levant les yeux au-dessus de la cime du grand noyer à l'ouest ou par-delà celle du hêtre pourpre à l'est, un vol d'oies ou de hérons cendrés en formation pour commencer ici le grand périple de leur migration annuelle.

La chouette chevêche, le hibou, la chauve-souris pipistrelle, les mésanges charbonnières, la buse et même le faucon trouvent chez nous un nichoir accueillant et protecteur, les oiseaux s'y reproduisent en paix. En poursuivant notre démarche, nous plantons des haies nourricières qui dès l'automne produisent différentes variétés de baies. Elles leur assurent une subsistance pendant la période froide. Un arbre têtard est mort mais, dans sa souche, un cerisier pousse désormais. Le héron se pose parfois dans la mare pour y cueillir un insecte ou une rainette. Au printemps, les jeunes grenouilles s'ébrouent dans un raffut de coassements, tandis que la famille de hérissons part à la recherche de quelques limaces, débarrassant alors nos salades de ce ravageur. Cette année, persuadés que nous étions d'avoir planté une vigne vierge sur le mur au sud, qui fait l'entrée du site, notre grande surprise a été d'y trouver du raisin étonnamment sucré! Notre vigne n'était pas vierge du tout.

Si "70 % des cultures, soit 35 % de ce que nous consommons, dépendent de la pollinisation animale", selon le ministère français du Développement durable, alors il est urgent d'héberger des abeilles. Pacifiques et occupées dans le ballet incessant de la ruche aux fleurs et du pistil à la ruche, elles s'orientent à la lumière du soleil et ne pénètrent pratiquement jamais dans les bureaux, car pour elles nos intérieurs sont des boîtes noires.

---

1. Commissariat général au Développement durable, *10 indicateurs clés de l'environnement*, juillet 2014.

Pendant que les jardins fleurissent et que les coccinelles de retour (sorties de leur hibernation dans le buis humide à l'abri du vent) s'affairent, nous choisissons de prendre contact avec deux agriculteurs du village. Hors des circuits principaux de production et de distribution, ils composent cette cohorte silencieuse et peu représentée des paysans pauvres qui n'accèdent jamais à la moindre subvention. Ils vivent avec 200 euros par mois. C'est bien parce qu'on se demande comment c'est possible que les collègues s'en émeuvent. Nous décidons de travailler ensemble et créons en quelques semaines l'équivalent d'une Association pour le maintien d'une agriculture paysanne (AMAP). Nous composons des paniers toutes les semaines en fonction de la production de saison. Nous proposons ces paniers par abonnement à nos collègues et aux voisins du village. En une année, nos deux compères ont atteint un niveau de revenu proche du salaire minimum interprofessionnel de croissance (SMIC) en travaillant directement avec leurs consommateurs, sans intermédiaires.

Parce qu'il nous était venu l'idée de créer une association à but non lucratif qui œuvrerait pour la reforestation de notre région, nous sommes entrés en contact avec ces paysans que nous ne connaissions pas, que nous n'aurions probablement jamais eu l'idée de rencontrer, qui n'auraient non plus jamais cherché notre compagnie. Nous plantons des haies bocagères, recréons des noues[1] et entretenons des arbres têtards sur tout notre territoire. En accompagnant avec nos amis bénévoles et nos nombreux donateurs le plan "Trame verte et bleue", promu par la région pour reconstituer des corridors biologiques qui protègent les animaux et développent la biodiversité tellement mise à mal par l'artificialisation galopante des sols, nous plantons entre 10 000 et 15 000 arbres par an depuis bientôt dix ans !

La terre de notre région n'est pas irrémédiablement polluée. Et les produits frais de saison ne sont pas réservés à une élite.

---

1. Petit fossé planté qui borde et délimite les champs, la noue permet l'écoulement de l'eau et favorise le développement de la flore et de la faune.

On peut certainement décloisonner nos activités pour entrer en relation et créer de nouvelles manières de vivre. Si l'usine n'est plus le lieu puant, interdit et opaque où s'affaire tristement une armée d'ouvriers assommés de fatigue.

Comment permettre l'accès à des produits bio et sains au plus grand nombre ? Si j'en crois l'exemple que nous a rapporté l'éditeur anglais de la première version du présent ouvrage, la ferme de Riverford dans le Devon (Sud-Ouest de l'Angleterre), créée par Guy Watson, distribue après dix ans d'activité plus de 47 000 boîtes de produits bio et de saison en direct à ses abonnés, toutes les semaines ! Il a pour cela développé des partenariats avec d'autres paysans. Constitués en association, les paysans se sont mobilisés et le mouvement s'étend sur l'ensemble du territoire.

À force d'exemples, pratiquement toute l'équipe de Pocheco s'est convertie aux méthodes "écolonomiques", participant à des sessions de formation, transmettant la connaissance acquise aux plus jeunes, pratiquant activement le jardinage, l'échange de plantes, le partage d'espaces de production et dégustant souvent le fruit goûteux de ses efforts.

Dans un débat radiophonique récent[1], le cofondateur du mensuel *La Décroissance*, Bruno Clémentin, témoignait que si, pour le seul département de la Loire, on produisait de manière locale la nourriture de ses grandes villes, on pourrait créer 5 000 à 7 000 emplois directs. En généralisant cela à l'ensemble du territoire métropolitain, ce nombre serait aisément multiplié par cent. Soit 500 000 à 700 000 emplois directs. Qu'attendons-nous ?

Exploiter les espaces verts pour généraliser la production locale de ressources vivrières. Utiliser les espaces abandonnés ou les surfaces de pelouse des sites d'entreprises. Développer des potagers sur les toitures aussi bien des supermarchés et des surfaces commerciales (on évoque le chiffre extravagant de 10 millions de mètres carrés

---

1. France Inter, *Le Débat de midi* animé par Thomas Chauvineau, 4 août 2015.

de surface rien que pour les toitures de la première enseigne de distribution française) que des immeubles de nos villes. De nombreuses expériences existent, elles sont toutes, sans exception, couronnées de succès. On généralise?

De nouveaux métiers de la biodiversité redécouverte surgissent : Charles Hervé-Gruyer propose le mot "sylvanier" pour désigner le métier de celles et ceux qui travailleront demain dans les espaces dédiés aux forêts comestibles. On en parsème le territoire?

En multipliant ces initiatives, nous réduirons les nuisances liées aux intrants chimiques et au transport. Nous améliorerons la qualité de l'air, celle des sols et des cours d'eau, donc celle des nappes phréatiques. Nos conditions de vie seront sensiblement transformées par la libération des semences, le retour des haies, la suppression des pesticides, la réduction des nitrates et des phosphates, la reconversion d'une partie de l'industrie chimique, de l'industrie semencière, la baisse du transport réfrigéré, donc la baisse de la pression sur les réseaux routiers et autoroutiers. On change?

De quoi l'écolonomie est-elle l'antidote? Je pose à nouveau la question. Pour la biodiversité et la survie des espèces qui cohabitent en ce début de siècle sur notre planète, certaines pratiques décrites ici pourraient se généraliser. Ne doutons pas que des effets rapides se feront sentir. Chez Pocheco, il ne nous a pas fallu plus de dix ans pour changer nos habitudes, nous permettant collectivement d'amorcer un cercle vertueux plutôt que de poursuivre, impuissants et découragés, notre spirale vicieuse de dégradation continuelle.

L'écolonomie se conçoit mieux comme la pièce d'un ensemble cohérent, elle fait partie d'un tout en train de se penser. Elle est un moyen d'agir parmi d'autres, qui valorise la circularité plutôt que la linéarité.

6

RÉNOVER OU CONSTRUIRE SOBREMENT

Less is more.

LUDWIG MIES VAN DER ROHE

Le sol est meuble, souple, le pied ne s'enfonce pas, l'air de ce mois de mai est encore vif, les premiers rayons réchauffent la terre. Les derniers névés renoncent et fondent doucement. Les mélèzes, qui perdent leurs feuilles[1] à la fin de l'automne, laissent au printemps la joie d'annoncer la couleur, une multitude de petites touffes fluorescentes s'ébrouent, si tendres qu'on en mangerait. Pervenches, pensées sauvages colorées de mauve et de jaune, à peine relevées d'un fin trait brun clair, boutons-d'or, le printemps avance et prépare déjà l'arrivée de fleurs plus tardives. Le décor change tous les jours. À cette altitude, l'urgence vient de la longue période enneigée et d'un été qui sera court. La végétation semble concentrée, y compris dans les formats, tout est plus dense, plus intense, les couleurs, les tiges, les parfums.

Une longue promenade dans les sous-bois pentus d'un sentier de haute montagne, ce moment particulier de concentration et de méditation que les endorphines, produites par l'effort continu, intensifient.

On marche. Plus haut, les rhododendrons, presque déjà fanés en plaine, ne présentent ici encore que leurs bourgeons comme une promesse.

On avance, le rythme lent invite à la rêverie qui s'accompagne d'une sorte d'acuité du regard. On rêve et on observe avec une précision inédite. Comme sous l'effet d'une fascination. Le combat d'une petite troupe de fourmis appelle l'attention. Elles me semblent très grosses. Bizarrement, on dirait qu'elles luttent. Une en particulier est prise en étau, serrée et retenue. Je m'approche pour mieux fixer la scène. Toutes de même taille, on dirait des sœurs, que font-elles ?

1. Le mélèze est caduc, ses feuilles tombent à l'automne et poussent au printemps. Elles sont fines comme des épines et le mélèze appartient à la famille des résineux, mais on parle des "feuilles du mélèze". (Source : Guillaume Devalle, pisteur secouriste et constructeur de chalets, habitant la vallée de Névache dans les Hautes-Alpes.)

La mandibule s'agite et la petite troupe est en phase d'agression. La fourmi au centre ne réagit presque pas. Serait-elle déjà morte ? Les fourmis sont des insectes sociaux[1]. On apprend cela à l'école. Comme les abeilles, dont elles sont les lointaines parentes. Si on creuse un peu, que nous racontent ces insectes étonnants ? Six pattes, une tête, un thorax, un abdomen et un exosquelette (c'est-à-dire un "squelette extérieur"). 180 espèces répertoriées en France, mais plus de 12 000 dans le monde. Les fourmis fréquentent notre planète depuis 120 millions d'années. On a même retrouvé un fossile daté de 145 millions d'années. Bien avant la disparition des dinosaures (70 millions d'années), très longtemps avant l'apparition des hommes (3 millions d'années[2]), elles ont survécu aux périodes acides, aux époques de réchauffement intense, de glaciation profonde. Elles sont des millions de milliards, présentes sur tous les continents, sous tous les climats.

Leur société est organisée. Une reine pond trente œufs par jour et vit vingt ans. La reine naît princesse, on la reconnaît car elle vole, portée par deux ailes. Si elle devient reine, ses ailes lui sont retirées. Elle se terre alors le plus profondément possible pour se protéger et pondre. Elle crée sa fourmilière.

Une fourmi des bois, par exemple. La colonie construit une fourmilière bioclimatique. Selon les scientifiques, les ouvertures sont orientées au sud-est pour recevoir la chaleur et la lumière du matin. Puis, au fur et à mesure de la journée, on observe la fermeture des portes au soleil. La température de l'intérieur de la fourmilière est maintenue entre 20 et 30 degrés.

Cet habitat n'est constitué que de feuilles, de branchages, de copeaux de bois et de terre. Si la fourmilière est abandonnée, au bout de quelques semaines il n'en reste pas de trace.

---

1. Laurent Keller et Élisabeth Gordon, *La Vie des fourmis*, Odile Jacob, 2006.
2. Selon les scientifiques et en particulier Yves Coppens, célèbre paléo-anthropologue entendu sur l'antenne de France Inter le 16 octobre 2015 : "L'homme a trois millions d'années. Depuis l'origine, on calcule qu'il y a eu sur Terre 100 milliards d'humains. Soit 200 000 générations."

Les fourmilières sont reliées entre elles par des galeries souterraines. Un peu d'anthropomorphisme est tentant pour comprendre ce que les fourmis nous apprennent : on peut qualifier leurs réseaux de fourmilières d'État, avec des capitales et des villes de moindre importance. On a répertorié ce qui serait la plus grande colonie en Suisse, pas moins de 1200 fourmilières s'y rejoignent sous terre. Les fourmis constituent donc des systèmes reliés et biodégradables. La société des fourmis se compose d'individus aux fonctions spécifiques. Ce qui n'exclut pas le changement de fonction selon la condition et l'âge. La reine pond des mâles et des ouvrières. Le mâle meurt après l'accouplement. Restent la reine et les ouvrières. Nourrices, bâtisseuses, nettoyeuses et même croque-morts. Telles sont les fonctions des ouvrières au service de la reine qui pond.

Pourquoi des galeries entre les fourmilières ? Pour pouvoir s'échapper en cas de danger, abandonner la fourmilière et se réfugier. C'est la solidarité. Il faut donc un moyen pour communiquer. Principalement, c'est l'émission de phéromones, des odeurs reconnaissables dont les trois "couleurs" primaires disent : "danger", "viens m'aider", "j'ai trouvé à manger". On note que ces trois informations reposent sur la solidarité. Encore ! Les scientifiques expliquent aussi que les fourmis savent moduler le message en associant deux informations olfactives, par exemple "j'ai trouvé à manger, viens m'aider", ou bien "il y a un danger, viens m'aider".

Chaque fois que nous projetons une rénovation à l'usine, nous sommes inspirés par l'extrême frugalité de ces fourmis. Nos matériaux de construction sont naturels. Les matériaux issus du démontage des anciennes structures sont soigneusement triés et récupérés pour une réutilisation immédiate. Nous réduisons beaucoup les besoins de matériaux neufs. Nous évacuons peu. Nos rénovations mobilisent moins de logistique. Le chantier avance vite et nous tenons les délais impartis. Les coûts financiers sont maîtrisés, il est donc vraiment très bénéfique de procéder en copiant la nature.

Les fourmis nous montrent l'exemple pour l'économie, l'organisation du travail en équipes soudées et solidaires, la réutilisation de matériaux existants dont on ne fait au plus que changer l'usage initial. Une feuille tombe du mélèze après l'automne. Sa décomposition intervient dans la composition du sol. Elle peut aussi servir de solive ou d'élément de structure pour un nid. Rien ne se perd. Les sciences du biomimétisme n'en sont qu'à leurs balbutiements. Des choix simples montrent déjà l'intérêt de l'observation attentive des mécanismes naturels. Ils amènent à questionner nos habitudes. Ils permettent de réduire le temps de réalisation, le volume de déchets produits et les coûts d'achat. Puisque les finances des entreprises sont tendues, puisque les ressources s'épuisent, inspirons-nous de la sobriété vue dans la nature.

En fonction de son biotope, chaque espèce de fourmi s'adapte. On sait que, sous nos latitudes, certaines espèces élèvent des colonies de pucerons pour se nourrir de leur miellat. Elles ont inventé l'élevage !

D'autres, ailleurs, cueillent des feuilles de différentes essences. Elles les réduisent en une sorte de bouillie en les broyant avec leurs mandibules, les répandent au sol d'une galerie profonde de la fourmilière. L'hygrométrie et la température constantes favorisent alors l'apparition d'un champignon que les fourmis récoltent pour s'en nourrir. Elles ont aussi inventé l'agriculture.

Sans additifs complexes autres que ceux trouvés dans leur environnement. La seule chimie est celle qui est produite naturellement.

Après leur visite de notre site de production, nos nombreux invités posent deux questions, c'est quasi systématique : Est-ce que l'écolonomie est applicable à d'autres entreprises, métiers ou activités ? Quelles sont vos sources d'inspiration ? La lecture du présent ouvrage devrait aider chacune et chacun à répondre à la première question. Quant aux sources d'inspiration, elles sont nombreuses et variées. Comme pour l'écriture automatique, elles sont le fruit d'associations d'idées. Ces associations libres nous étonnent souvent. Une discussion à bâtons rompus, une idée en entraîne une autre, une émulation se crée au sein du petit groupe de collègues, nous marchons dans l'usine, interrogeons d'autres collègues, consultons tel ou tel fabricant, cherchons dans les livres spécialisés, revenons à notre discussion. Nous avons lu une revue d'architecture qui présentait une maison aux normes BBC (bâtiment basse consommation), ou bien l'œuvre d'un architecte qui, pour s'adapter au terrain choisi pour tel musée, a enterré une partie des bâtiments, de sorte que la courbure des toitures épouse celles du terrain et ne coupe pas la vue. Des toitures complètement couvertes de terre engazonnée..., cette idée fait du chemin parmi nous. Et si nous imaginions cela pour un projet, qu'adviendrait-il des questions de chauffage et de refroidissement, d'isolation, de coûts de construction ? On pourrait y loger des nichoirs pour les oiseaux et des ruches pour les abeilles... Les ouvertures exposées au sud seraient couvertes de plantes caduques dont les feuilles protégeraient partiellement des rayons les plus vifs du soleil à la belle saison et à l'automne libéreraient la vue jusqu'au printemps suivant... Ainsi pourrions-nous profiter pleinement des saisons et nous sentir mieux intégrés dans notre environnement naturel.

Un bâtiment de l'usine, légèrement à l'écart du site principal, tombait en ruine. On y stockait toutes sortes de pièces démontées de moteurs et de machines variées. On y stockait aussi certaines pièces détachées. Le sol : un vieux béton hors d'âge et hors d'usage. Une charpente en bois, des murs de briques pas ou peu isolés, une toiture inclinée à quatre pans faite de tuiles industrielles en terre cuite. Sous une partie de la surface couverte, on avait ajouté un pauvre éclairage au néon et des plaques de faux plafond surchargées d'isolant minéral devenu poussiéreux et inefficace. Bref, une sorte de vieux hangar à l'abandon, un ancien atelier qui se trouvait déporté dans la cour et qui n'était, de longue date, plus que l'ombre de lui-même, devenu avec le temps et le

– 113 –

manque de moyens une sorte de fourre-tout dont la toiture mena-
çait de s'effondrer.

Le programme de cette rénovation porte le nom d'Agora. Notre
bureau d'études interne a complètement pris en charge cette reconstruction. Il s'agit plus d'une reconstruction que d'une rénovation,
car nous ne conservons que les murs de l'ancien bâtiment.

La toiture en tuiles du XIXe siècle devient une toiture végétale. Pour
y planter les sedums (plantes rustiques semi-grasses que l'on trouve à
l'état naturel dans les anfractuosités des roches ou des murs), il faut
composer un substrat. Avec une broyeuse mécanique, nous réduisons
les tuiles en billes d'argile qui sont mélangées avec la bonne terre
des soubassements de fondation, qui passe à l'étage de la toiture.
Le seul transport aura été la translation vers le haut de plusieurs
centaines de kilos de terre et de l'argile cuite des tuiles anciennes
qui sera remontée sur la toiture qu'elle avait quittée quelques jours
plus tôt. Restent les plants de sedums. Ils proviennent de la toiture de l'usine qui, semée en 2010, s'est beaucoup développée et a
produit comme une pépinière de jeunes pousses. Délicatement et
régulièrement prélevées, elles sont déployées sur l'Agora. La reprise
est immédiate, dès la première année, les sedums couvrent la quasi-
totalité de la nouvelle surface.

Pour récupérer l'eau de pluie, nous avons choisi des plantes locales.
Le conservatoire de botanique de notre région a répondu à toutes
nos interrogations quant à ce choix. Un débat anime les botanistes,
qui questionnent l'avantage de privilégier la flore locale ou de laisser des essences exogènes s'implanter sur notre territoire. C'est un
débat de spécialistes. Nous ne tranchons pas à la place des chercheurs. Nous avons adopté une position conservatrice. L'essentiel
reste de passer d'une toiture inerte à une toiture vivante.

Suivant l'exemple des fourmis qui nous inspire, nous transférons
des matériaux de bas en haut d'un même lieu. Nous transformons
par une réduction mécanique les tuiles en billes. Les fourmis avec

leurs mandibules ne procèdent pas différemment pour réduire et transporter les matériaux de la fourmilière.

Et si toutes les toitures en rénovation ou neuves étaient couvertes de végétaux ?

Avec l'équipe du bureau d'études, nous sommes à l'affût. Kevin a participé activement à l'élaboration de ce passage du livre en cherchant des données générales à propos des toitures végétales. D'abord, un chiffre interpelle : en Allemagne, on produit 13 millions de mètres carrés de toitures végétales tous les ans, contre 200 000 mètres carrés en France. Pourquoi cette disproportion[1] ?

Ce n'est pas une question de résistance des matériaux. Le poids d'une toiture végétalisée pour 1 centimètre de substrat est de 10 kilos par mètre carré. Or, pour planter des sedums tels que ceux qui couvrent notre usine, on demande 10 centimètres de substrat, soit 100 kilos par mètre carré. Tous les immeubles à toiture-terrasse et structure béton peuvent supporter cette pression, ils sont conçus pour cela. Il n'y a plus une minute à perdre, il faut s'engager dans une vaste campagne de végétalisation de ces toitures en France. Les avantages que nous pouvons lister sont nombreux et se renforcent entre eux.

En effet, selon une étude de l'APUR (l'Atelier parisien d'urbanisme) datée d'avril 2013, qui concernait le potentiel de végétalisation des toitures-terrasses pour la seule ville de Paris, avec un substrat de 10 centimètres et une toiture simple plantée de sedums, 30 % des précipitations annuelles sont renvoyées dans l'atmosphère par évapotranspiration. L'effet serait important pour réduire la pression de l'évacuation des eaux sur les réseaux souterrains. On sait que les épisodes climatiques extrêmes ne sont pour l'instant pas plus nombreux mais qu'ils sont plus forts. Quand un épisode de grande intensité survient, on n'est jamais à l'abri d'une inondation et d'un débordement. Sauf à réserver une partie des pluies dans des zones tampons telles que les toitures végétales en proposent.

1. www.acqualys.fr/page/toitures-vegetalisees-habitat-avantages-inconvenients.

Les capacités de stockage et de temporisation de la toiture végétalisée permettent de réduire le débit d'eau dans les réseaux et donc de ne pas les surcharger. On diminue les inondations et on réduit la quantité d'eau polluée dans les rivières. Les solutions vertueuses qui reposent sur les capacités de la nature présentent souvent des chaînes d'événements favorables. Quand on sait que, dans un foyer, l'eau réellement nécessaire à l'alimentation, au lavage des mains et à l'hygiène du corps représente moins de 50 % de l'eau consommée, on voit que, si chaque foyer utilisait de l'eau de pluie pour les WC, le lavage des autos, l'arrosage, le lave-vaisselle, la machine à laver..., la consommation d'eau du réseau (c'est-à-dire, sous nos latitudes, celle qui a été traitée pour qu'elle soit potable) serait réduite de 50 %. Les WC représentent 20 % à eux seuls.

Cette démarche serait écolonomique : on réduit en même temps les coûts environnementaux et les coûts financiers pour la collectivité et les foyers particuliers.

L'eau est un bien précieux que l'on peut récupérer en toiture, pour réduire les écoulements et la circulation dans les réseaux. Les toitures végétales permettent aussi un stockage. Quand l'effet de la transpiration des plantes renvoie vers l'atmosphère une partie des eaux de pluie, on constate aussi une baisse sensible de la volatilité des microparticules de pollution dans l'atmosphère des villes.

Car, en maintenant un taux d'humidité relative dans les villes, la transpiration des plantes permet leur concentration en gouttes moins volatiles, qui s'évacuent par les canalisations au lieu de se fixer au plus profond des alvéoles fragiles des poumons des nourrissons et des personnes âgées ou malades. À notre connaissance, les effets sur la santé publique ne sont pas mesurés scientifiquement à ce jour. Mais on peut penser que le jeu en vaut la chandelle. La France, championne toutes catégories du moteur thermique diesel, connaît dans toutes ses agglomérations des pics de pollution aux

– 116 –

particules fines (celles émises par les moteurs diesel et qui ne sont pas filtrées par les pots catalytiques).

L'enjeu de santé publique est important. La réduction des flux dans les réseaux amont d'eau potable et aval d'eaux usées l'est aussi. Sans oublier l'effet considérable qu'une toiture couverte de végétaux peut avoir sur les consommations d'énergie de chauffage de refroidissement des bâtiments. Les études auxquelles nous nous référons sont canadiennes. Elles portent sur la réduction de l'effet de chaleur des îlots urbains, en comparant des îlots végétalisés avec des toitures-terrasses "conventionnelles", c'est-à-dire équipées de couvertures inertes : bitume, zinc, béton... Si 6 % des toitures d'une ville étaient végétalisées (en moyenne, les toitures représentent 20 % de la surface d'une ville), la température de la ville diminuerait de 1,5 degré. Il en résulterait une diminution de 5 % des coûts de climatisation. On imagine bien ce qu'à une échelle générale, de tels chiffres représenteraient comme baisse des coûts financiers et environnementaux.

Ce type de raisonnement mené à son terme contribue évidemment à l'amélioration des comptes publics. Sans pénaliser personne. On pourrait concentrer les budgets sur l'entretien des matériels existants : en France, les réseaux d'eau perdent plus ou moins 50 % des volumes transportés par les fuites. Quant aux réacteurs nucléaires, il est désormais de notoriété publique qu'une partie du réseau a dépassé la durée d'exploitation initialement calculée et qu'il est temps de pourvoir soit à leur démantèlement, soit à leur remplacement. Beaucoup d'emplois en perspective et de substantielles économies d'eau de refroidissement.

Restons-en strictement aux avantages qui concernent l'efficacité énergétique des bâtiments. En été[1], la toiture végétalisée permet également de réduire l'entrée de la chaleur de 82,3 % à 96 % par rapport à une toiture classique. En hiver, scénario inverse, la toiture végétalisée permet de réduire les pertes de chaleur de 16 à 33 %.

1. Source : Sébastien Jacquet, *Étude de la performance énergétique d'une toiture végétale extensive installée au centre-ville de Montréal*, 2007.

Il s'agit de données choquantes. Elles sont produites au Canada, dont les conditions climatiques diffèrent beaucoup des nôtres. Climat continental chaud en été, froid et sec en hiver. Peu d'intersaison. J'attends avec beaucoup d'impatience que de telles études soient produites en France et je me réjouis par avance d'imaginer ce que sera la prochaine version du présent essai. Nous actualiserons les données.

Puisque cet exemple canadien nous aide à penser des solutions nouvelles, continuons. Sur le plan des consommations d'énergie à l'intérieur des bâtiments, la même étude montre que la toiture végétale permet une réduction de 27,4 à 38,3 % de la demande en chauffage par rapport à une toiture-terrasse "classique", une réduction de 90,8 à 98,9 % de la demande en climatisation par rapport à une toiture-terrasse "classique", et une réduction de 37,7 à 47,2 % de la demande énergétique totale du bâtiment!

Enfin, un dernier avantage a fini de nous convaincre de modifier nos toitures à l'usine (tranche par tranche depuis 2008), c'est l'argument de la prolongation de la durée de vie des toitures. On constate une baisse de la température de la membrane d'étanchéité de l'ordre de 25 à 30 % en été (et de 64 % à Ottawa, d'après une étude similaire). La fluctuation de température est très faible dans le mois. Une toiture végétale connaît une fluctuation entre 4 et 6 degrés, contre plus de 17 degrés sur une toiture-terrasse "classique", alors que la température extérieure a fluctué de 11,4 degrés (pendant un mois de juin) – et 7 degrés contre 50 degrés à Ottawa, d'après une étude similaire.

En fait, c'est très simple. Le système racinaire des sedums plonge dans le substrat pour y capter les réserves d'eau de pluie. La photosynthèse active le générateur naturel de la plante, qui consomme l'eau et transpire. Elle capte les microparticules en suspension dans l'atmosphère, les décompose et s'en nourrit. Les feuilles absorbent la quasi-totalité de la lumière et de la chaleur pour les transformer en énergie, qui fait tourner le générateur qui décompose les polluants.

– 118 –

Ceci se produit en surface. Les végétaux couvrent avec le substrat toute la toiture. Sous cette couverture vivante et très active, la membrane d'étanchéité est protégée des variations de température mais aussi de tous les éléments qui produisent l'érosion des toitures conventionnelles : le vent, la pluie, le ruissellement, la neige, la glace, la chaleur du point d'impact du soleil, la variation des températures entre le jour et la nuit... et qui ici participent à la bonne santé des plantes !

La toiture est durablement protégée. Les coûts, durablement réduits et maîtrisés. L'atmosphère, vraiment tempérée. Les coûts de chauffage et de refroidissement dans les appartements et les parties communes, sensiblement réduits. Bref, l'économie réelle gagnerait beaucoup à lancer un vaste programme de végétalisation de l'ensemble des toitures du territoire. Emplois locaux non délocalisables. Effets sur la santé. Bien-être. Retour d'une microfaune et d'une certaine biodiversité en ville. Chez Pocheco, nous accueillons beaucoup d'insectes en résidence et des abeilles. Mais aussi des oiseaux. L'effet sur notre bonheur au travail n'est peut-être pas mesurable, mais venez nous voir et vous comprendrez !

Là-bas, sur une pierre du chemin de montagne, les fourmis ont cessé de lutter. Celle qui, prise en étau, semblait en mauvaise position, immobile, prisonnière, que l'on croyait morte, lentement s'est remise en mouvement. Entraînant à sa suite ses congénères. La princesse en perdant ses ailes de fourmi volante est devenue reine dans un rituel simple, avec l'aide de ses suivantes. Les mandibules des suivantes découpent la base des ailes et la nouvelle reine part créer sa colonie, une nouvelle fourmilière. Perpétuant en cela le rituel qui dure depuis 120 millions d'années.

"Comment faites-vous cela ?" me demande un journaliste pour lancer notre entretien télévisé. Comment végétaliser les toitures de l'usine ? 8 000 mètres carrés rénovés couverts de sedums. D'abord, il pleuvait sur les collègues et leurs machines. L'hiver était froid et humide, l'été chaud, parfois très chaud, on distribuait des bâtonnets glacés. Pas de quoi casser trois pattes à un canard. Puis l'idée a surgi. Une meilleure année, le budget a permis de lancer une première phase de rénovation. Mais attention, nous ne pouvions pas envisager d'arrêter ou simplement de ralentir la production. L'usine produit à feu continu. Vingt-quatre heures sur vingt-quatre et sept jours sur sept. En programmant et en phasant le chantier de rénovation, avec le support physique de la charpente métallique de l'usine, et en nous appuyant sur les recommandations du bureau d'études, l'idée d'un platelage intermédiaire a été retenue. On sécuriserait les ouvriers en surface et à l'étage.

D'abord, la construction de la plateforme posée sur la charpente. Les charpentiers travaillent alors à l'extérieur et démontent l'ancienne toiture par le haut. C'est rapide. Quelques semaines. En été, leurs conditions de travail sont moins pénibles. Puis on trie et on récupère les matériaux.

Reconditionnement du bois et des tuiles. L'ancienne charpente est entreposée en racks pour venir plus tard compléter un solivage, un soubassement ou une couverture extérieure. Le bois a eu le temps de durcir depuis la création du site. Ces solives ont porté la toiture de l'usine pendant cent cinquante ans sans subir de traitement phytosanitaire. Elles ont d'abord poussé pendant une centaine d'années, vu leur calibre. On ne jette sûrement pas un bois dur et aussi résistant, qui a connu le Siècle des lumières et ses penseurs! Une couche d'étanchéité complète le platelage. Pas un gramme de poussière du démontage ne doit affecter la production des enveloppes. Sous la toiture provisoire, le travail continue. Six mois ont été nécessaires. Les surfaces planes sont recouvertes de sedums. Les nouveaux sheds (une toiture à redents avec un versant vitré, typique des bâtiments industriels), plus hauts, mieux orientés que les anciens, portent des panneaux photovoltaïques hybrides. Ils produisent été comme hiver, par temps couvert ou dégagé.

– 120 –

Cette toiture doit non seulement produire, c'est l'idée que chaque surface est utile, mais il faut qu'elle soit rentable et finance la rénovation.

Ces travaux réalisés en 2008 nous permettent, avec le recul de quelques années, de faire les comptes. Ils parlent pour eux-mêmes. 2 millions de travaux dont 400 000 euros pour l'achat des panneaux et 120 000 euros par an de revenus issus des ventes d'électricité à l'opérateur national.

Il faut aussi tenir compte de la nouvelle isolation qui a permis d'épargner 40 000 euros de facture de gaz pour la totalité du chauffage du site par an.

Et du rafraîchissement d'air par principe adiabatique. C'est un principe de filtres en carton composés d'alvéoles disposées verticalement, comme celles qui forment les ruches des abeilles. On fait passer l'air chaud récupéré en hauteur dans l'atelier au travers des alvéoles humidifiées. L'eau récupérée en toiture et filtrée est diffusée sur les alvéoles. L'air en passant perd 3 ou 4 degrés de calories transformées en frigories. L'air rafraîchi est diffusé dans l'atelier. C'est ce faible écart de température entre l'atelier et le jardin qui suffit à rendre l'atmosphère confortable. Un peu d'eau. Un peu d'air. Un peu d'électricité pour alimenter la ventilation. Pas de gaz toxiques. Pas de système complexe de réfrigération.

Pas de dépense, pas de gain substantiel, sauf sur le plan du confort des collègues.

La toiture est vaste. Les végétaux poussent sans l'apport d'engrais et sans pesticides. L'usine est située dans une zone protégée mitoyenne d'une vaste étendue verdoyante, un grand parc urbain vallonné, géré sans apport ni traitement nocif. Le lieu est très indiqué pour recevoir des abeilles. Nous produisons 300 kilos de miel par an. Les abeilles, menacées par les traitements phytosanitaires, sont à l'abri chez nous.

L'écolonomie s'accommode bien de la préservation de l'environnement.

Ce local de 220 mètres carrés, notre Agora, retrouve une hauteur de près de 5 mètres au faîtage, laissant beaucoup de volume intérieur. Au sol, raccordé à notre chaudière centrale à bois, un chauffage en serpentin et une dalle en béton recyclé.

Béton recyclé ? Il suffit de le demander. On construit beaucoup en France, on déconstruit aussi. Plutôt que de surcharger les déchetteries avec des gravats de béton, plutôt que de racler le fond de l'océan pour étancher notre soif de sable brut pour bétonner, il est possible et même carrément souhaitable de demander à votre bâtisseur d'exploiter des matériaux de récupération ou en recyclage. Souvent, on peut mettre en phase le chantier en cours avec un autre chantier situé dans une localité proche et réduire d'autant l'impact du transport des matériaux de construction. Le chantier de déconstruction fournit alors les matériaux dont votre bâtisseur aura besoin pour votre chantier de rénovation, le recyclage se fait rapidement.

L'Agora est un nouvel atelier. Il est conçu comme une salle polyvalente. Il reçoit de la production industrielle mais peut facilement se changer en salle de conférences. Les sorties de secours et les équipements ont été prévus pour recevoir du public, jusqu'à 150 personnes. Nous donnons donc plusieurs vies aux locaux rénovés.

Nous avons conservé les murs. Le reste est tombé. Ramassé, trié et réutilisé.

Il en va de même pour le bitume ! Notre nouvelle cour de camions est parfaitement apte à recevoir le flux régulier de gros-porteurs. Elle est pourtant intégralement recouverte d'un bitume de récupération. Pourquoi faudrait-il encourager la production de bitume plutôt que son recyclage ?

Reste à repenser la cour adjacente qui sera, dès que nous en obtiendrons les financements, libérée de sa couverture bitumineuse pour être rendue à la terre et plantée de fleurs sauvages et d'un tilleul mellifère. Car nos colonies d'abeilles se développent aussi : de quatre, puis douze, nous passerons bientôt à vingt-quatre ruches sur le site!

Un toit crée des déchets. Mais ces déchets sont des ressources réutilisables. J'ai demandé que l'on réfléchisse à la réutilisation des déchets récoltés pendant le démontage de nos 2 200 mètres carrés de sheds. Ces déchets sont principalement composés de bois de charpente, de torchis, de verre, de zinc et de tuiles flamandes. C'est d'ailleurs émouvant de penser que ces matériaux ont résisté aux intempéries et aux insectes depuis cent cinquante ans, sans un traitement. Nous réutiliserons le bois pour un plancher de bureau ou pour un bardage isolant monté en extérieur. En attendant, nous en avons extrait toutes les pointes, puis nous avons passé le lot en étuve à l'huile de lin. Ces traitements parfaitement naturels permettent de travailler des bois régionaux et de les protéger pour longtemps.

Un horticulteur local est venu chercher les tuiles pour les réduire en poussière.

Nous n'avons jeté (après tri) que le torchis et les pointes.

C'est cela aussi, réaliser des écolonomies! Moins de transport, moins de rejets et moins de dépenses. En plus, la satisfaction de retrouver notre vieille charpente sous une forme nouvelle. Et le plaisir de faire travailler un menuisier de la région.

S'il faut construire du neuf, alors exploitons des ressources naturelles renouvelables à l'échelle du temps humain. Et réutilisons les déchets de déconstruction ou la terre extraite des fondations.

L'arbre pousse sous toutes les latitudes ou presque. Les régions peuplées du globe, pour la plupart, sont des régions où poussent des essences locales qui peuvent être entretenues et exploitées pour la construction. Si ces régions sont sous-boisées du fait, par exemple, de l'urbanisation accélérée et de l'artificialisation des terres, alors, créons des "poumons verts" partout où c'est possible. Souvent, les mégalopoles laissent des zones dites de "dent creuse". Plantons-y des arbres!

Construire en bois, c'est garantir que l'impact sur l'environnement et sur le climat sera bénéfique. L'arbre emprisonne le carbone pendant sa longue croissance. Si le bois est préservé dans
une charpente ou pour une toiture, pour des sols intérieurs ou des
murs, alors le carbone reste prisonnier. Pendant les dix premières
années de sa croissance, l'arbre absorbe le CO_2 responsable de l'effet
de serre qui provoque le réchauffement climatique. Nous pouvons
lutter contre la déforestation en favorisant l'emprisonnement du
CO_2 et construire des habitations durables, confortables et isolées.
Car le bois existe sous beaucoup de formes. S'il n'est pas abu-
sivement noyé de colle aux composés organiques volatils dévastateurs pour les poumons, ou plongé dans des solutions de vernis
toxiques ou d'anti-insectes, d'anti-moisissures, d'anti-pourriture, tous
plus défavorables à l'environnement humain, alors le bois est un
matériau noble. On le travaille avec un savoir-faire ancestral sous
toutes les latitudes.

Une forêt est un puits de carbone, c'est aussi un abri pour la
faune, la flore et la biodiversité locales. Les zones humides sont
préservées sous le couvert végétal de la canopée. Les terrains sont
tenus et retenus, en cas de pente ou de vents dominants forts, car
les systèmes racinaires créent un réseau de liants souterrains et
activent dans le sol les chimies complexes du vivant. En fonction
des terrains et des climats, la forêt varie. Mais les arbres pionniers
des espèces qui forment les premières lisières laissent place à des
sujets plus touffus et denses au fur et à mesure que l'on s'y enfonce.
Le cycle de vie d'une forêt est riche en renouvellement d'essences
et d'espèces. Plus une forêt est composée de variétés différentes,
mieux elle résiste aux maladies.

Il faut que notre époque voie sortir de terre des... villes forestières!
Outre leurs fonctions de régulation climatique et d'absorption des
pollutions sonores et atmosphériques, les forêts sont des zones de
promenade pour les citadins. Elles peuvent aussi devenir des ressources pour l'apprentissage et le développement des métiers du bois.

Pourquoi le bois n'est-il pas encore redevenu le matériau principal de la construction en France ?

"Quand on remonte l'histoire de la construction depuis le XVIIIe siècle, les maîtres de la construction étaient les compagnons charpentiers." Celui qui s'exprime ici devant nous en juin 2015 est un spécialiste des maisons en bois depuis plus de trente ans. Christophe Faure, ancien compagnon charpentier, est un journaliste engagé et investi dans la question du bois matériau de construction. Il est le fondateur du magazine *Maisons & bois*. Il a accepté d'enrichir notre compréhension à l'occasion de longs entretiens dont je reprends ici certains extraits.

"Au XVIIIe siècle, la transmission du savoir est « compagnonnique ». Le matériau nécessite une connaissance. Et cette connaissance est transmise dans un système fermé avec un modèle d'apprentissage." Au début de la première révolution industrielle, la logique du développement demande des plans d'ingénieurs. Eux produisent des calculs. Il faut, pour produire des calculs fiables, s'appuyer sur des matériaux dont la résistance et le comportement soient prédictibles. On calcule la résistance du béton, celle de l'acier. La tour Eiffel a été construite par des compagnons charpentiers qui ont transféré leurs connaissances du bois au métal.

"Ils ont d'ailleurs été exclus du système compagnonnique pour avoir transféré ce savoir d'un matériau à l'autre. Pour qu'une réalisation industrielle rapide soit possible, il faut des matériaux transformables et prédictibles."

Le bois pâtit d'abord de ce qu'il est un matériau vivant. Il demande un savoir-faire qui se transmet. Il demande aussi des échelles de calcul qui varient d'une pièce à l'autre, on ne peut pas seulement s'en remettre aux calculs, il faut sentir le produit, en saisir les forces, la torsion d'un arbre qui aura subi le vent dominant, les mesures ne peuvent être normées. Chaque bois, chaque grume travaille d'une manière différente.

Le bois ne répondait pas au mouvement d'industrialisation et les ingénieurs se sont concentrés sur des matériaux dont ils pouvaient calculer et maîtriser la résistance. Cette logique a été pareillement déclinée pour les matériaux isolants et autres éléments de construction.

On ne pourrait donc pas calculer de façon fiable la résistance du bois pour la construction de nos jours ?

"Évidemment, si. Mais pièce par pièce. Dans les scieries, « scieur de tête » était le métier de l'ouvrier qui, recevant les troncs, définissait en fonction de leur type, de leur résistance, ce que l'on en ferait. Comment les optimiser. Ce jugement personnel était influencé par la fatigue, en fin de journée, les lots étaient toujours perçus comme de moins belle qualité que ceux du matin. C'était trop aléatoire pour résister à la modernisation de la production industrielle, dont les gains de productivité reposent essentiellement sur la standardisation.

En 2015, des lasers repèrent en un millième de seconde l'optimisation du morceau de bois... Mais le bois reste un matériau vivant, un coup de vent et le bois peut vriller, de la résine peut apparaître et modifier sa qualité."

Le bois de construction a souffert, au début d'une époque qui tentait l'aventure industrielle, de ses qualités de matière vivante. Mais on peut penser que l'évolution des techniques, d'une part, et la raréfaction et le coût environnemental exorbitant de l'extraction et de la production des matériaux transformés, d'autre part, ouvrent à notre époque une voie royale au bois.

"Pas du tout. Une raison principale des blocages que l'on observe vient de ce que la France s'est faite la championne mondiale du béton avec Bouygues, du ciment avec Lafarge, du métal avec Arcelor (devenu Mittal), de l'aluminium avec Pechiney. Ces industriels ont grandement participé à l'essor des normes, ils les ont établies en tenant la main des élus de tous bords. Leurs bureaux d'études ont consolidé et continuent de consolider ces positions dominantes extrêmement fortes. Tous les appels d'offres de la construction reposent sur des normes strictes. Il en faut d'ailleurs pour tenir les structures et assurer la sécurité. Mais que peuvent faire un charpentier ou un menuisier régional qui, en fonction du climat et de la région, ne proposent jamais la même essence face à un déluge de normes ?" Cette logique industrielle a longtemps cantonné le bois à un rôle de matériau artisanal. Par ailleurs, la filière bois n'est pas organisée et elle n'est pas solidaire.

Deux exemples racontés par Christophe Faure, qui a vécu ces situations dans les années 1980. Près de Grenoble, le massif du Vercors compte, sur ce très beau territoire, de très beaux arbres. De petites scieries transforment dans la vallée, chaque jour, quelques arbres choisis. Il faut transporter ces épicéas, sapins et autres mélèzes du lieu de coupe vers la vallée pour la transformation. Un scieur se dit qu'en implantant son unité dans la forêt, au cœur du massif, il aura du travail sur place et la matière première en abondance à sa disposition, sans coûts de transport. Il s'installe.

Instantanément, les prix de la matière première explosent. Ceux qui lui vendent le bois se disent que, puisque l'usine est implantée avec l'aide du conseil général, forcément le scieur achètera ses grumes sur place. Donc ils augmentent fortement leurs prix. Au point que l'activité ne trouve pas sa rentabilité. Avant de déposer le bilan, le scieur, pour sauver son entreprise, tentera en vain de se servir avec des grumes livrées d'autres régions. Fin de l'histoire.

Autre exemple. À Villard-de-Lans, un lycée bioclimatique sort de terre. La région exploite le bois, on peut récupérer les déchets pour en faire du combustible pour la chaudière du lycée. Matière première gratuite. Mais rapidement les déchets viennent à manquer, il faut acheter des pellets, trop chers, on démonte la chaudière pour revenir à un modèle conventionnel.

En fait, la filière développe des intérêts très divergents : l'Office national des forêts, les propriétaires privés, la parcellisation des surfaces, la spéculation, les scieurs, les fabricants de menuiserie... Tant et si bien que ce capharnaüm renforce les concurrents et fragilise la filière.

Rien, sauf des immobilismes et un individualisme poussés à leur paroxysme, n'empêche la France, territoire qui dispose de la plus grande surface boisée d'Europe, de gérer une filière qui pourrait monter en puissance économique en dix à vingt ans.

Au lieu de cela, puisque nous sommes un des derniers pays au monde à autoriser l'exportation de grumes, nous envoyons notre forêt en Chine. L'équivalent tout de même d'un train dont la longueur correspondrait à la distance entre Paris et Lyon s'exporte chaque année. La forêt nous revient sous forme de mobilier. Chinois. Bilan : moins d'emplois en France et beaucoup de transport, donc des émissions de carbone. Les quantités expédiées sous cette forme sont telles que nous sommes déficitaires en bois ! Donc nous en importons de Scandinavie et d'Allemagne. Déficit pour la France de près de 6 milliards d'euros et pas moins de 400 000 emplois[1] menacés. Pendant que 900 millions d'euros d'argent public, tous les ans, vont vers les aides à l'entretien des parcelles forestières ou à leur accessibilité.

On change ?

Il suffit de quelques décisions courageuses pour remettre en ordre de bonne marche toute une filière. Au lieu d'exporter vers la Chine nos ressources premières, transformons-les sur notre territoire. Formons des professionnels, créons des entreprises, gérons localement, quitte à nous grouper en coopératives. Que l'État coordonne et encourage.

Je n'ai pas pour principe de critiquer les services de l'État. Je trouve cela trop conventionnel et cela fait le lit de l'ultralibéralisme que je rejette par tous mes pores. L'Office national des forêts, créé en 1291 par Philippe le Bel, tente de s'adapter au monde contemporain. Et des forestiers sont poussés à bout. Les suicides fréquents, face à la décomposition de nos forêts et aux mauvais traitements imposés par une administration qui cherche des économies, rendent la situation intenable en l'état. Il faut que nous reprenions la main et proposions notre aide citoyenne. Sauver les fonctionnaires de l'ONF

---

1. Pour en savoir plus, vous pouvez lire l'édifiant article de Laurent Radisson sur le site actu-environnement : www.actu-environnement.com/ae/news/exportations-bois-francais-chine-robin-bois-fnb-tensions-23314.php4.

en leur donnant les moyens de travailler[1] et en arrêtant de les soumettre (comme d'autres, je le répète) à des injonctions paradoxales.

Christophe Faure raconte aussi une expérience tellement réussie que, si elle était reproduite au niveau national, elle pourrait bien porter en elle le renouveau de toute la filière. Il a participé à la prise de conscience des élus du département de l'Isère, et par la suite à celle des parents d'enfants scolarisés. Pendant une dizaine d'années, un élu qui connaît bien sa région a promu le bois d'œuvre à chaque occasion. En élaborant un cahier des charges pour la construction d'un lycée ou d'une école maternelle ; en argumentant sur les qualités de solidité et d'isolation de cette ressource locale et abondante, son prix abordable, sa grande plasticité, au point que certains projets ont vu le jour ; en démontrant aux populations concernées tous les avantages de cette matière noble. À leur tour, les élus, conquis par les retours positifs des citoyens, ont eu à cœur de multiplier les projets. Pas moins de sept lycées en Isère portent cette technologie. Forcément, les bureaux d'études et les cabinets d'architecture se sont mis à la page en proposant à leur tour des services adaptés et en rivalisant de créativité pour remporter l'adhésion des élus... Il y a un effet vertueux d'entraînement.

Dans le département voisin de la Savoie, rien de similaire n'a été fait. Pourtant, les ressources existent, et le savoir-faire aussi.

L'industrie de l'exploitation forestière et celle de la transformation du bois ont évolué et rattrapé leur retard. On sait calculer la résistance mécanique, associer différentes essences, sans toujours utiliser de produits toxiques tels que les colles à formaldéhyde.

---

1. J'ai déjà pris ce genre d'engagement, dans un autre livre, pour les fonctionnaires de Pôle emploi, je pourrais le faire pour ceux de la Sécurité sociale ou de l'Inspection du travail. Car, à vouloir réduire les coûts de fonctionnement, on exerce, sur les opérateurs de la fonction publique, une pression telle que le risque existe que l'on fasse disparaître ces services et ces serviteurs du bien public, c'est-à-dire du bien commun collectif. C'est inacceptable et ce n'est pas la solution. Une piste de réforme utile serait de rendre leur autonomie aux équipes. Voir *Le Syndrome du poisson lune : un manifeste d'anti-management*, Actes Sud, 2015, p. 58-60.

Le lamellé-collé permet des pièces de charpente de 2 mètres d'épaisseur pour des portées immenses. En concurrence avec le béton, le bilan est sans appel en faveur du matériau issu de nos forêts. On forme mieux qu'il y a quinze ans. On peut espérer qu'avec des écoles et des collèges en bois, les nouvelles générations, sensibilisées, s'orienteront vers ces filières pour développer notre savoir-faire et nos connaissances.

Forts de ce constat, nous avons, nous aussi, voulu avoir notre cabane dans les arbres. Nous projetons une construction en surplomb de notre atelier de formation, à l'usine. Anciennement, cet édifice en briques portait la réserve d'eau de pluie qui alimentait, au XIXᵉ siècle, la chaudière et la machine à vapeur qui entraînaient tous les roulements de l'usine. La structure a été démontée car cet usage n'était plus pertinent. Mais, en renforçant la charpente, nous avons prévu de poser une surface de 200 mètres carrés de bureaux en hauteur. Bâti bois, charpente et isolants bois, ouvertures orientées vers la frondaison du grand hêtre pourpre, travailler dans l'arbre et laisser les idées circuler. Tel est notre prochain rêve. Un bâtiment bioclimatique sur pilotis.

Sur le terrain de l'usine et dans cette région qui forme la fin du Bassin parisien, le sol argilo-sablonneux rend chères les opérations de fondation des bâtiments. C'est près d'un tiers du coût final de la construction qui est englouti dans les opérations d'excavation. Nous sommes résolus à contourner cette contrainte en construisant sur pilotis. Un bâtiment ne peut raisonnablement être tout en bois. Il lui faut "des bottes et un chapeau" pour éviter que l'humidité ne vienne le dégrader. Surélevée de quelques centimètres, la plateforme sera isolée par la circulation d'air qui se produit. Bien orienté, l'atelier jouira de grandes ouvertures et il disparaîtra sous la végétation. Toiture et murs seront couverts de lianes grimpantes et tombantes, de sedums, dissimulant l'objet en le confondant avec notre petite forêt comestible, en projet elle aussi.

Comme pour la fourmilière, l'ensemble des matériaux de construction, d'isolation ou d'assemblage seront choisis pour, au jour de leur démontage, ne laisser aucune trace de leur passage. Aucune trace autre que ce qui ira nourrir par sa décomposition ultime la biodiversité locale.

"La France compte à ce jour 35 millions de logements, donc on peut considérer que 75 % du bâti de 2050 est déjà construit, nous explique Christophe Faure. La RT 2020, cette réglementation qui détermine les qualités requises par un bâtiment pour obtenir le permis de construire, est très exigeante et très performante, les constructions neuves jouiront d'un bilan positif. C'est-à-dire qu'elles consommeront moins d'énergie qu'elles n'en produiront.

Cela change aussi la valeur du bâti. En tant que particulier, on peut s'endetter à vie pour l'achat de sa maison. J'ai publié une annonce récemment sur une maison BBC (labellisée), un papier bluffant. Elle était à vendre pour 350 000 euros et le vendeur annonçait une consommation annuelle d'énergie de l'ordre de 800 à 900 euros tout compris (chauffage, électricité). Une petite ligne au-dessous changeait la donne. Il disait : « Reste à percevoir entre 50 000 et 54 000 euros de la part d'EDF sur les dix-huit prochaines années. »

C'est-à-dire que l'on achetait la maison 350 000 euros, on dépensait 850 euros de charges d'énergie par an, mais on touchait un revenu de 3 000 euros par an grâce aux panneaux sur lesquels le nouveau propriétaire avait investi. La maison se trouve avec un bilan énergétique, une rentabilité énergétique de 1 500 à 2 000 euros par an. Une maison productrice d'énergie et de revenus. C'est la logique de ce que l'on appelle les « prosommateurs » (producteurs-consommateurs)."

Quand on sait que l'on construit près de 250 000 logements par an en France, on imagine bien les conséquences favorables sur l'économie et sur l'environnement que pourrait avoir une politique orientée exclusivement vers les bâtis passifs ou positifs[1].

2050... C'est demain. Si nous rêvions un peu ? Région la moins boisée de France en 2015, le Nord-Pas-de-Calais aura rattrapé son retard en 2050. Boisé des collines verdoyantes du Valenciennois jusqu'aux côtes escarpées des pointes Gris-Nez et Blanc-Nez, de la frontière belge aux confins de l'Aisne, d'essences naturellement implantées sur les terres des friches industrielles abandonnées depuis la fin de la surexploitation des ressources minières et fossiles. Les grandes plaines du bassin revenues de la surexploitation qui avait fait craindre un empoisonnement définitif des sols, des rivières et des nappes phréatiques. Des exploitations de nouveau découpées par des haies arbustives et des noues bocagères nourricières, qui ont permis en quelques années de diviser par cinq l'usage d'intrants chimiques, le retour de la biodiversité de la faune et de la flore ayant équilibré les échanges biologiques. Le rythme des cultures et des paysages marqué en tout point par les boisements forestiers et les forêts comestibles. Les champs eux-mêmes protégés par des essences d'arbres fruitiers produisant à leur tour une diversité alimentaire et des revenus pour tous.

Champs nourriciers et forêts comestibles. Exploitation raisonnée des sols. Équilibre des cultures en alternance. Le lin venant remplacer le blé, les arbres fruitiers plongeant leurs racines assez profondément pour y retenir la vie microbienne et les réserves aquifères. Forêt exploitée et entretenue, fournissant aux exploitants agricoles des revenus additionnels. Les scieurs locaux travaillant de concert pour fournir à l'industrie de la construction poteaux, poutres, solives et isolants naturels. Construction de maisons de lotissement sur

---

1. Un bâtiment passif produit autant d'énergie qu'il en consomme, un bâtiment positif produit plus d'énergie qu'il n'en consomme.

pilotis ou réutilisant en briques de terre crue les volumes résiduels d'excavation des fondations.

Une région alimentée par une énergie éolienne, géothermique ou photovoltaïque en fonction des conditions les plus favorables.

Des eaux de pluie récupérées et stockées pour les traitements industriels et les sanitaires ou l'arrosage des parcelles. Nettoyées à leur tour par des agriculteurs dépollueurs entretenant des champs de bambous qui croissent au rythme du développement démographique sans jamais nécessiter d'infrastructures lourdes et bétonnées.

Une économie complètement remise de l'accumulation destructrice et enfin débarrassée des taux de 15 % de chômage qui laissaient près d'un sixième de la population sous le seuil de pauvreté.

Voilà en substance ce que nous pouvons raisonnablement attendre d'une réorganisation écolonomique appliquée aux seuls métiers de la construction. Elle tient compte de l'ensemble de la chaîne, depuis l'approvisionnement en matières premières jusqu'au recyclage, selon une méthodologie circulaire qui favorise la production locale.

Chez Pocheco, nous raisonnons et produisons ainsi depuis vingt ans.

7

URBANISME, MOBILITÉ, VERS LA VILLE ÉCOLONOMIQUE

Pour ceux qui y sont nés et y ont vécu, à mesure que les années passent, chaque quartier d'une ville évoque un souvenir, une rencontre, un chagrin, un moment de bonheur. Et souvent la même rue est liée pour vous à des souvenirs successifs, si bien que, grâce à la topographie d'une ville, c'est toute votre vie qui vous revient à la mémoire par couches successives, comme si vous pouviez déchiffrer les écritures superposées d'un palimpseste. Et aussi la vie des autres, de ces milliers et milliers d'inconnus, croisés dans les rues ou dans les couloirs du métro aux heures de pointe.

PATRICK MODIANO,
prix Nobel de littérature[1].

2017. L'auto glisse dans l'allée. Tourne le coin de l'usine. Passe les ralentisseurs. Elle s'arrête derrière la cuve poilue. Pas un bruit. La zone est végétalisée. Nos voisins sont protégés par un rideau de buissons, de ronces lourdes de fruits mûrs et juteux en cette fin d'été, ils n'entendent ni ne voient rien, à peine, peut-être, le son de la voix des collègues qui se saluent, amorti par la végétation.

L'équipe de nuit a déjà quitté les lieux et libéré les places de rechargement depuis les petites heures du jour, en silence et sans troubler la cacophonie volante des oiseaux qui s'affairent dès les premières heures. L'équipe du matin a placé des véhicules en charge pour la première partie de la journée. Avec ce principe, les 122 collègues de l'équipe se relaient tous les jours et rechargent leur batterie à leur tour, avec l'énergie produite par les panneaux photovoltaïques placés sur la toiture.

Quatre personnes par voiture. Une tournée quotidienne relativement routinière. Le conducteur est celui qui habite le point le plus éloigné de l'usine. Il passe cueillir ses collègues qui l'attendent

---

1. Discours prononcé lors du banquet des prix Nobel, le 10 décembre 2014. *Les Prix Nobel. The Nobel Prizes 2014*, éditions Karl Grandin [Nobel Foundation], Stockholm, 2014.

au point de rendez-vous habituel, avec la ponctualité d'un service de transport public. Pas d'encombrements aux heures que nous avons choisies pour fixer les débuts et fins d'équipe. Ceux de la nuit prennent leur tour à 21 heures (ils circulent donc vers 20 heures), transmettent à ceux du matin à 5 heures (qui roulent à partir de 4 heures en moyenne), qui transmettent à ceux de l'après-midi pour 13 heures (c'est-à-dire qu'ils circulent à partir de 12 heures, dans ce sens, pas d'embouteillages), et la boucle continue.

Les équipes de journée, une vingtaine de personnes, sont organisées en fonction des destinations et des distances à parcourir pour éviter les encombrements et assurer une présence permanente de 8 heures à 18 heures tous les jours de la semaine, pour répondre à nos interlocuteurs.

Pour 122 salariés, nous sommes passés de 122 véhicules thermiques à 28 voitures électriques.

Multiplions cela par 50, 100, 1000, 10 000, 100 000 ou par 1 million de salariés dans les entreprises de la région, et la fluidité du trafic ira de pair avec la réduction sensible des émissions de particules polluantes toxiques[1]. Certains modèles, tels que la Zoé de Renault, la Smart électrique de Mercedes ou la Toyota Yaris, sont produits en France. On favorise alors la production sur notre territoire et la défense d'emplois locaux.

L'idée de cet auto-partage électrique est venue fin 2014. Nous savions que nous ne pourrions pas augmenter les salaires cette année-là, l'exercice trop tendu demandait beaucoup de prudence. Certains collègues roulent déjà ensemble vers l'usine pour réduire leurs coûts de transport. Certains, dans la région, sont disposés à parcourir 80 kilomètres matin et soir pour venir. Le chômage est élevé. Les loyers sont chers, il faut s'éloigner de la métropole pour

---

1. Selon les calculs de notre bureau d'études Canopée Conseil, fondés sur l'enquête nationale "Transports et déplacements" de l'INSEE, si 1,1 million de travailleurs remplaçaient leur véhicule thermique par un véhicule électrique, on réduirait les émissions de 1 800 000 tonnes éq. CO_2 par an.

trouver une offre acceptable. En partageant les frais, on a déjà beaucoup réduit les coûts. Mais notre intuition nous dicte d'approfondir la recherche. Un plan de déplacement d'entreprise permet d'étudier, avec leur assentiment, les trajets parcourus par nos collègues pour se rendre sur leur lieu de travail, mais aussi de voir si des regroupements sont possibles. On dessine une carte des lieux d'habitation que l'on croise avec celle des horaires de prise et de fin de poste.

Puis on a créé un logiciel d'analyse des coûts liés au transport, en fonction de l'âge et de la catégorie du véhicule, du type de carburant, des frais d'entretien, de ceux d'assurance, on n'oublie aucun détail. Il sort de cette analyse un chiffre des coûts moyens et il apparaît que, pour la majorité de nos collègues, le trajet domicile-travail coûte 300 euros par mois. C'est un chiffre moyen qui cache des situations extrêmes, tel ce collègue qui déplore des dépenses de plus de 500 euros par mois. Il ne roule pas en Rolls. Il habite là où ses moyens et ceux de sa compagne leur ont permis d'investir dans un terrain et une maison à rénover. Partageant les distances entre celle qui sépare le lieu de travail de sa compagne de leur domicile et son trajet pour venir nous rejoindre.

Forest-sur-Marque n'est pas une exception, c'est un village pris dans une vaste conurbation dont la desserte en transport collectif est relativement faible. Partout en France, on a beaucoup privilégié le développement de zones d'activités qui font le pendant de vastes zones pavillonnaires, sur le modèle états-unien. Forcément, le développement des jonctions routières et de l'industrie automobile faisait partie du modèle. Reste que l'épuisement des ressources fossiles, tant pour la production du bitume des routes que pour celle des carburants des moteurs thermiques, l'épuisement des ressources minières avec les métaux complexes pour la production des automobiles, la multiplication des encombrements routiers, l'épuisement des citoyens ou le réchauffement du climat contraignent à penser autrement.

L'avantage d'une usine non polluante et autosuffisante, quand elle est implantée dans un village, c'est qu'elle contribue fortement à la vie de la communauté. La difficulté consiste, quand les villageois ne suffisent pas, par leur qualification ou leur nombre, à répondre aux besoins de l'activité, à chercher en dehors du village les compétences requises pour la bonne marche de notre projet.

Nous travaillons à combler ces besoins en nous rapprochant des villageois. Nous ouvrons nos portes aux stagiaires locaux, sur simple demande. Nous partageons nos paniers de fruits et légumes produits par les agriculteurs du village (voir chapitre 5, p. 104). Nous ouvrons nos services écolonomiques à notre voisinage dans la mesure de son désir.

Nous souhaitons aussi recevoir dans l'équipe des talents d'ailleurs, qui parfois vivent à distance du site. Il ne faut pas que ce soit un frein à nos projets de collaboration.

C'est ainsi qu'est venue l'idée du covoiturage électrique. S'appuyant sur les ressources disponibles sur le site : l'électricité photovoltaïque est envoyée vers le réseau mais l'électron va au plus près de la demande. Si une batterie de voiture est connectée au réseau, c'est l'énergie produite sur la toiture qui alimente le véhicule branché à la borne dans le jardin. Une partie du parc stationne nuitamment sur le site. L'association créée pour l'occasion, MOVECO, a investi dans un parc de 28 véhicules. On met en charge par alternance le nombre nécessaire de voitures pour que tous les quadrinômes trouvent à leur départ pour le domicile (ou pour une visite à un client) la machine prête à l'utilisation. En journée, aux heures d'ensoleillement, toutes les bornes fonctionnent à plein régime, stockant ainsi dans les batteries des véhicules l'énergie produite.

Quand on sait qu'une voiture ne roule que 5 % de son temps de vie en moyenne, on comprend bien que le temps de l'auto-partage est largement venu. Chez nous, une voiture est soit en roulage, soit en charge. Et toujours partagée. Cette première étape est importante pour compléter correctement les données de notre expérience, avant de proposer d'ouvrir aux voisins de notre site ces solutions très écolonomiques. En effet, le coût pour les collègues est passé en moyenne à moins de 100 euros par mois. Soit 1,50 euro par personne et par trajet. Le conducteur qui fait le plus long trajet garde la voiture, y compris le week-end, en attendant de retrouver ses collègues. C'est un avantage qui compense la responsabilité de passer chercher les autres tous les jours. Nos collègues ont, pour leur grande majorité, revendu leur voiture personnelle à moteur thermique. Pour celles et ceux qui disposaient dans le foyer de deux voitures, on a même été plus loin. En revendant sur le marché de l'occasion leurs deux voitures à moteur thermique (la plupart du temps diesel), ils ont pu acquérir une voiture hybride essence-électrique, qui joue le rôle de deuxième voiture et leur permet de parcourir les distances longues des déplacements de vacances ou de week-end. L'autre voiture, étant bien partagée, ne pèse plus sur les finances du foyer. Si je reprends l'exemple extrême de notre collègue qui parcourt près de 160 kilomètres aller-retour tous les jours, il réalise désormais une économie de 500 euros par mois pour son foyer.

Jamais je n'aurais pensé pouvoir lui offrir une telle augmentation de son salaire. En revanche, l'écolonomie lui offre une belle augmentation de son revenu brut. Et une réduction de nos émissions de CO_2 liées au transport de l'ordre de 5 tonnes.

Nous projetons de proposer ces solutions simples et efficaces à toutes les entreprises qui nous en feront la demande. L'établissement d'un plan de déplacement d'entreprise est devenu une obligation légale pour les entreprises de plus de 500 salariés depuis la loi dite "Grenelle II" du 12 juillet 2010. Cette obligation constitue surtout une formidable opportunité de changer nos habitudes et de réduire l'impact de nos activités sur le budget et l'environnement.

Quand on grimpe les marches de l'escalier en colimaçon qui longe la grande cuve poilue de Pocheco, par une passerelle suspendue on atteint le sommet de la toiture du bâtiment de stockage de l'usine, qui culmine à près de 15 mètres de haut. Forcément, on domine les toitures du village et, si l'on tend le regard vers la lisière boisée du parc du Héron, à 200 mètres à vol d'oiseau à travers champs, on dépasse la cime des arbres de bordure et, plus loin, on aperçoit nettement la tour de communication qui se situe à la limite de Villeneuve-d'Ascq et de Mons-en-Barœul. Le regard s'arrête aux barres des immeubles. Je porte un intérêt très vif et très ancien aux questions d'architecture et d'urbanisme. Je cherche à savoir si les principes de la circularité économique peuvent produire des effets positifs au-delà de la gestion d'un site industriel. C'est pourquoi j'ai demandé à un de mes amis, élu de Mons-en-Barœul, Nicolas Joncquel, s'il accepterait de me montrer cette ville. Pour tenter d'évaluer ensemble l'écolonomie mise à l'épreuve de la gestion d'une ville et de la rénovation urbaine.

En lisant mon récit, une amie qui habite la région me dit qu'elle entend plutôt parler de Mons-en-Barœul dans les pages "faits divers" de *La Voix du Nord*. Et elle trouve mon récit un peu enthousiaste. Elle se demande si j'aurais produit le même récit si j'avais interrogé les habitants. Elle touche un point sensible et cela me donne l'occasion d'une précision : pour transformer Pocheco pendant les vingt dernières années, il a fallu beaucoup d'enthousiasme. Pour passer d'une entreprise industrielle en déclin sur un marché en forte décroissance à un programme engagé de rénovation et de diversification, il a fallu toute l'énergie et la conviction d'une équipe. J'applique cet enthousiasme a priori. Par principe. Pour ne pas céder au découragement. Parfois l'enthousiasme est communicatif. Parfois il ne l'est pas. Entreprendre sans détruire demande de croire le probable possible et de faire en sorte que le possible devienne réalité. J'ai visité Mons-en-Barœul avec ce regard optimiste, me laissant aller à mon exercice préféré : voir le beau partout où il pourrait se trouver.

1965. Le village de Mons-en-Barœul compte 7 000 habitants, aux portes de Lille et de Villeneuve-d'Ascq. La zone à urbaniser en priorité (ZUP) du "Nouveau Mons" est décrétée et la ville passera de 7 000 à 30 000 habitants entre 1965 et 1972. Décidément, la sortie des Trente Glorieuses recèle beaucoup de fausses bonnes idées. Ce qui semblait un progrès dans les années 1960, un logement spacieux, lumineux et équipé de tout le confort "moderne", s'est changé en cauchemar quand le travail et l'animation de proximité (implantation de commerces et de services) n'ont pas suivi. Les foyers les plus aisés ont commencé à quitter ces quartiers au début des années 1980, laissant la place à des foyers plus pauvres. Aujourd'hui encore, des municipalités, donc des populations, partout sur le territoire, travaillent à changer les données de ce qui est devenu, depuis, un problème de société.

2014. C'est un samedi matin pluvieux, crachoteux, du début du printemps, le 10 mai exactement, pas vraiment froid, pas encore tiède. Un de ces matins où, à la perspective de marcher dans une ville nouvelle précédée de beaucoup de préjugés quant à la tristesse des lieux, la monotonie, la vue coupée en hauteur, le regard interdit vers l'horizon, je ne me sens pas très engagé. Pourtant, Nicolas m'attend. Il m'a prévenu : "Tu n'en reviendras pas indemne. Toute la ville a fait l'objet de travaux pendant dix ans, on a tout repensé, tout changé." Mons-en-Barœul, pour l'étranger que je reste, est une ville dont je ne connais pas les limites, ni ne comprends où elle commence, où elle finit. Mais la passion que met Nicolas dans la description qu'il en fait doit me mettre la puce à l'oreille.

Mons-en-Barœul, depuis une dizaine d'années, a élu une équipe qui s'est fortement engagée dans la rénovation urbaine. Nicolas Joncquel est adjoint au maire, Rudy Elegeest, pour le développement économique et urbain. Il est urbaniste de formation, métier qu'il exerce au service de la commune de Tourcoing. Le projet d'écoquartier dont s'est saisie cette équipe porte la rénovation et se fixe comme objectif de réinventer le "Nouveau Mons". L'idée qu'un écoquartier porte en lui la rénovation urbaine semble très encourageante. Et l'exemple de Mons-en-Barœul montre bien que les solutions écologiques sont économiques. À Mons, 37 % des logements (3600 en valeur absolue, plus parlante parfois que les pourcentages) sont des logements sociaux. La loi SRU (relative à la solidarité et au renouvellement urbain) demande que le seuil de 25 % de logements sociaux soit atteint ou dépassé pour chaque municipalité. Mais "logement social" ne signifie pas "déclassement", comme le rappellent les élus à leurs administrés au cours de réunions publiques. À l'échelle de la métropole lilloise, 70 % de la population est éligible au logement social, du fait de ses revenus. Il ne s'agit donc pas d'un déclassement mais d'une réalité sociologique à laquelle il faut répondre avec les solutions du XXIᵉ siècle. En termes de sociologie, la population de Mons-en-Barœul est mixte, 22000 habitants dont 50 % à faibles revenus, c'est-à-dire en deçà du revenu médian national, mais pas au-dessous du seuil de pauvreté, précise Nicolas Joncquel.

Nous marchons depuis quelques minutes déjà après avoir laissé les maisons de rangées du vieux Mons, nous avançons en montant encore vers un quartier fraîchement rénové. Le trottoir est large et confortable, il me semble bien que l'on change de lieu mais en prolongement, sans rupture. La vue en perspective ouvre sur des bâtiments de quatre étages aux couleurs chaudes et, franchement, on se dit qu'avec l'avancée vers la rue qui se fait par un petit jardin, c'est joli. Au plus proche du trottoir avant la chaussée, un arc de cercle de jardins ouvriers, avec leurs rangs de pommes de terre, de poireaux, de salades, de légumes variés et quelques fleurs précoces qui ont devancé le printemps. Des cabanes en bois pour les outils. Une grille basse délimite le lieu sans couper la vue ni l'accès. Comme une ligne dessine sur la feuille l'espace entre deux zones distinctes. Rien de brutal au regard.

On voit bien que les contraintes existent, qui établissent des lignes de tension entre, d'une part, la gestion par une équipe municipale renouvelée d'un parc développé à marche forcée à la fin des Trente

Glorieuses, et dont la structure extérieure et les logements doivent faire l'objet de rénovations profondes ; et d'autre part, la gestion d'une population qui a vieilli dans ces logements. J'y reviendrai. Il faut aussi tenir compte de l'intercommunalité. Pour déployer des projets de grande ampleur financière, l'appartenance à une association de communes limitrophes donne des moyens que les municipalités seules n'auraient pas. Et il en résulte une interdépendance.

Mons présente la spécificité de disposer d'un réseau collectif de chauffage urbain construit en même temps que la ZUP et qui dessert la totalité des logements collectifs du Nouveau Mons. Si la ville estime que le chauffage urbain au fioul est trop coûteux (il existe des énergies moins chères que les énergies fossiles) et dépassé (au regard des contraintes contemporaines liées à la pollution de l'air) mais que ce réseau est interconnecté, d'une part, et géré par délégation par une société multinationale (dans le cadre d'un contrat de trente ans) très puissante, d'autre part, de quelle marge de manœuvre dispose-t-elle ?

Cette négociation avec Dalkia, l'opérateur privé, a pris plusieurs années. La chaufferie de Mons est connectée aux deux chaufferies de Lille-Fives et de Villeneuve-d'Ascq. Le contrat de trente ans est compliqué à négocier. Mais la sociologie monsoise impose de penser économies et collectivité. À Mons, 2 000 personnes cherchent du travail sans en trouver. Tous les choix d'investissements publics doivent trouver une orientation forte qui tienne compte de cette contrainte et participe à l'amélioration de la situation. C'est la conviction qui a créé une dynamique intangible et amené l'équipe à porter cette négociation. Avec succès puisqu'une première étape est franchie : le chauffage urbain produit à Mons s'appuie depuis 2002 sur une cogénération gaz-électricité. Le gaz remplace le fioul. Il produit de la chaleur pour le réseau urbain d'eau chaude et de l'électricité. C'est mieux que le fioul en termes d'émission de gaz à effet de serre. Mais c'est une énergie fossile dont les réserves s'épuisent et dont le prix est impossible à maîtriser à l'échelle d'une commune.

C'est une première étape qui a permis à l'équipe municipale d'éprouver sa capacité réelle de négociation. Il y a une volonté et un chemin. Mais l'habitat collectif social bénéficiera bientôt d'une nouvelle évolution, celle-là vraiment compatible avec les contraintes sociétales, environnementales et climatiques de notre temps : la chaudière biomasse.

Deux raisons déterminent ce choix. La maîtrise des coûts de l'énergie et la sécurité de l'approvisionnement en ressources. Le gaz augmente et continuera d'augmenter. Il existe des financements publics nationaux pour favoriser le développement de la filière bois. Mons-en-Barœul est éligible et compte bien faire valoir ses droits. L'impact sur l'environnement sera dès lors fortement réduit : le bois régional voyage moins que le gaz d'Algérie ou de la Fédération de Russie, et il emprisonne jusqu'à sa combustion des tonnes de CO_2. De plus, si la forêt entretenue dans la région s'étend en surface du fait d'une meilleure organisation de la filière, elle contribuera de plus en plus à absorber les pollutions atmosphériques, à stabiliser le degré d'hygrométrie et les températures. Les boisements deviendront forêts. Faune, flore, sols, nappes phréatiques et cours d'eau bénéficieront de conditions favorables à leur développement. La collectivité dans son ensemble tirera le meilleur profit de cette "phytoremédiation" généralisée. L'équipe aux commandes de la ville de Mons-en-Barœul l'a parfaitement intégré dans ses actes.

Car la dimension environnementale est ici au service des plus démunis. Pas au service de quelques idéologues "bobos[1]" ni d'extrémistes écologistes vite qualifiés de "Khmers verts", en triste référence au mouvement des Khmers rouges. On entend encore souvent ces invectives quand on pense à contre-courant des modes conventionnels. S'agissant du chauffage urbain, il concerne les personnes les plus fragiles de la communauté. S'en remettre à des solutions écologiques, c'est s'en remettre à des conditions économiques. Bref, écolonomiques!

1. Bourgeois bohèmes.

Ces solutions utiles pour la collectivité sont aussi mises en œuvre au plan individuel. S'agissant par exemple de la rénovation urbaine : comme le souligne Nicolas, traiter le chauffage urbain est une chose, rénover les logements qui dépendent du parc social en est une autre. C'est une lapalissade de rappeler que, construits dans les années 1960, ils sont extrêmement gourmands en énergie. Je signale que le raisonnement d'alors répondait à d'autres convictions. Il fallait loger de nombreux nouveaux arrivants. Le système électronucléaire français, priorité nationale, produisait de l'énergie jour et nuit sans discontinuer, qu'il fallait bien consommer.

Autre temps, autres mœurs.

Nous bifurquons à droite. Pour descendre, cette fois. Entre deux rangées lointaines, on dirait une avenue très ample, près de cent mètres séparent une rive de l'autre. Mais, curieusement, on n'est pas perdu. La perspective est claire. Les paliers de la descente sont ponctués d'une façon irrégulière qui casse la monotonie, comme les jardins en terrasses de la côte méditerranéenne, des jardins justement, beaucoup de verdure, des buissons plus ou moins hauts, des arbres plantés de fraîche date, beaucoup de variétés, des circulations piétonnières qui tournent et virent en pente douce. Là une noue creusée et plantée de joncs qu'on n'attendait pas en milieu urbain, un talus plus loin, la perspective se perd dans beaucoup de verdure. L'avenue me semble largement vide d'automobiles et je suis frappé par le silence relatif des lieux.

En dix années de travaux de rénovation, la ville, qui s'est appuyée sur son partenariat privilégié avec trois bailleurs sociaux, a fait passer son parc de logements d'une consommation moyenne de 250 kilowatts par mètre carré et par an à 65. C'est le seuil au-dessous duquel l'habitation reçoit le label "bâtiment basse consommation" pour une rénovation.

Outre l'effort consenti, qui est important, l'idée de rénover, qui engage une logistique conséquente, permet de ne pas accroître l'artificialisation des sols urbains. Pour les locataires, l'engagement peut être lourd. La plupart d'entre eux souhaitaient retrouver leur logement après rénovation. Pour ce faire et compte tenu de la complexité des chantiers en milieu occupé, certains ont dû déménager trois fois ! Le temps que s'opère la rénovation.

Le territoire urbain est saturé de zones imperméables. On n'aurait pas trouvé de terrains disponibles pour construire du neuf. La rénovation semble la meilleure solution au plan local comme au plan national. Partout en France, le territoire artificiel gagne du terrain au détriment, par exemple, des flux naturels d'écoulement et d'infiltration des eaux dans le sol. Le surcoût de la rénovation est financé par l'État, la Métropole européenne de Lille (MEL) et l'Europe par le biais du Fonds européen de développement économique et régional (FEDER). Ce dernier dispositif a contribué de manière très significative : si rénover 100 logements coûte 6 millions d'euros, le FEDER y a contribué pour 1 million.

Ceci concerne exclusivement le parc locatif de la ville. Le parc privé, important aussi, ne bénéficie pas des aides citées. La Région peut soutenir. De quoi se compose ce parc privé et quels problèmes pose-t-il ?

D'abord, un parc important de maisons de courées, conçues au XIXe siècle, au moment de l'implantation des industries dans le cœur des villes, pour loger les ouvriers et leurs contremaîtres. Ces maisons sont mitoyennes les unes des autres et forment, le long de rues étendues, des ensembles homogènes et serrés. On peut tirer avantage de la proximité immédiate de ses voisins pour moins de déperdition de chauffage, le chauffage des uns renforçant celui des autres. Ces maisons se présentent sur le marché immobilier, dans cette partie de la métropole, au prix de 60 000 à 70 000 euros. Compte tenu des niveaux de revenus moyens de Mons-en-Barœul, ces sommes demandent aux nouveaux propriétaires des efforts financiers conséquents. Quand ils obtiennent un prêt, ils ne disposent plus des ressources suffisantes pour envisager une rénovation, et encore moins aux normes BBC.

Ensuite, la zone des Sarts (c'est son nom) présente des maisons construites pour la plupart dans les années 1950. Quatre chambres, ce qui est exceptionnel, un jardin et un garage. De belles dimensions mais des gouffres énergétiques. Vendues sur le marché entre 120 000 et 150 000 euros. Le quartier a tendance à se paupériser et la mixité sociale diminue, avec un risque de repli sur soi social et identitaire. Toute la politique de la ville de l'actuelle municipalité est orientée vers le déploiement d'une mixité sociale dont on pense qu'elle est créatrice de liens utiles et forts.

Enfin, faisant face à la mairie, un ensemble de quatre immeubles de grande hauteur (ils dépassent 30 mètres, ce qui engage, selon la loi, des mesures de sécurité et de surveillance, contre l'incendie notamment, vingt-quatre heures sur vingt-quatre et sept jours sur sept). C'est la résidence de l'Europe. Sept cents copropriétaires ne peuvent pas mobiliser chacun les fonds du FEDER, par exemple, ce serait autant de dossiers complexes impossibles à établir. Pourquoi des aides ? Pour rénover et isoler de façon à contenir les dépenses. Les charges collectives, du fait des dispositions de sécurité et des frais de chauffage et d'entretien de cette copropriété, atteignent ou parfois dépassent les éventuels revenus qu'en tirent les propriétaires qui ont fait le choix de proposer leur logement à la location. Donc l'ensemble n'est plus entretenu et se dégrade. Les conditions de vie suivent la même pente.

Comment agir ?

De son côté, la municipalité ne peut pas intervenir puisque les logements sont privés.

On a choisi d'investir. En achetant des cellules commerciales du rez-de-chaussée qui se trouvaient à vendre, du fait de l'abandon progressif par les commerçants de cette dalle qui était devenue sombre et fantomatique, et non un lieu de croisement, d'échanges ou de vie urbaine.

En incitant les commerces à reconquérir le centre-ville. Le pari que fait l'équipe aux commandes de la municipalité, c'est d'améliorer les conditions d'exercice du commerce au rez-de-chaussée. De

– 147 –

créer avec un plan de travaux publics des parcours lisibles, éclairés et accueillants, permettant la circulation des piétons et celle des vélos. On propose un lien simple pour relier les deux stations de métro aux villes de la communauté urbaine. Création d'espaces verts entretenus et de plans d'eau. Ceux-là, alimentés par la pluie, dont on oriente le ruissellement pour en faire un élément d'agrément collectif. L'eau est guidée et dépolluée par infiltration. Le plaisir et l'utilité. Coût de ces travaux de rénovation urbaine : 3,5 millions d'euros pour l'acquisition des cellules commerciales de rez-de-chaussée et la même somme pour la création des espaces publics.

Seule ombre à ce tableau encourageant : si la ville de Mons-en-Barœul estime que le commerce et l'activité économique de centre-ville doivent être relancés, alors que les communes limitrophes soutiennent puis imposent sur leur territoire (peu distant de celui de Mons) l'implantation de zones commerciales géantes, il y a frottement. Les efforts de reconquête urbaine peuvent se trouver réduits à néant mais, après quelques années – ces réalisations sont encore récentes –, le bilan n'est pas négatif.

Nous avons passé les immeubles du quartier des Sarts, visité le local où sont présentées les perspectives nouvelles et à venir sous forme de plans et de maquettes, marché encore en descendant la pente douce et irrégulière de l'avenue vers le bas de la ville, puis nous sommes entrés dans le vestibule rénové d'une habitation à caractère social, avec des formes quasi géométriques, des lignes renforcées de couleurs harmonieuses et qui appuient la fuite du regard vers le ciel, des ouvertures qui pointent une cime boisée et laissent pénétrer la lumière, une hauteur sous plafond qui donne à cet espace sa véritable respiration.

Puis nous avons descendu encore, bifurqué, traversé un parking à chaussée drainante – infiltration des eaux, nature en vrac à l'état de reconquête progressive des espaces libérés, moins de bitume et moins de béton. On respire. Cette ville respire.

Il est très important de trouver des ressources pour aider la rénovation des logements privés, souligne encore Nicolas Joncquel. L'État et la Région peuvent y contribuer. Les investissements consentis par la ville en rez-de-chaussée doivent être suivis d'un plan pour les copropriétés, faute de quoi l'habitat privé sera dégradé et moins attrayant que l'habitat social. Le contraste fort tendra les relations et la situation sociétale se dégradera. Il reste bien des chantiers à promouvoir, on le voit, en prenant en compte des aspects complexes qui, dans le cas d'espèce, ne mènent pas à l'inaction ou à son corollaire, la brutalité, dans les choix de l'équipe municipale. L'action cohérente et collégiale menée à moyen terme s'accompagne de résultats visibles réguliers.

La rénovation écolonomique se fait en douceur et sans heurts.

Quand on interroge l'élu municipal à propos des perspectives de la ville en 2050, on provoque d'abord l'étonnement, voire l'amusement. Les villes sont confrontées pendant le cours de chaque mandat à un tel niveau d'interventions immédiates, requérant toute l'énergie des élus, que les perspectives plus lointaines sont des vues de l'esprit. Et pourtant, Nicolas admet volontiers que Mons-en-Barœul ne déroge pas à la réalité nationale. Sur 35 millions de logements en France, 75 % du parc de 2050 est déjà construit[1]. À raison de 250 000 constructions neuves par an (le rythme actuel moyen), le temps pour parvenir à un remplacement total par des habitations à basse consommation est beaucoup trop long (au regard, encore une fois, des urgences climatiques, environnementales et sociétales contemporaines).

La marge d'action des élus locaux a été recomposée par les différentes lois de décentralisation, d'une part, et par l'abandon progressif de certaines responsabilités par le regroupement en agglomération de communes, d'autre part. Que reste-t-il de la capacité d'intervention

---

1. Source : Christophe Faure. Je reprends les termes de l'entretien qu'il a bien voulu m'accorder dans le chapitre 6 du présent ouvrage, "Rénover ou construire sobrement", p. 125.

de Nicolas pour sa communauté ? L'élu local mobilise les compétences qui ont été transférées à d'autres échelons. Pour la création de l'écoquartier par rénovation du bâti existant, il a fallu mobiliser 200 millions d'euros (soit huit ans du budget communal). Une telle somme aurait été difficile à trouver pour la seule ville de Mons-en-Barœul.

Ce travail de reconstruction est assez peu passé par la destruction, toujours très spectaculaire, de barres d'immeubles devenues insalubres. Un premier programme a vu la rénovation de 1 000 logements, contre seulement 400 démolitions. On ne rénove pas une ville en faisant table rase de son passé. Si on respecte les lieux et leurs habitants, on préfère la rénovation.

Le travail de cette équipe a été récompensé pour son approche écologique en 2011 par le label ÉcoQuartier, décerné par le ministère de l'Écologie et du Logement. Depuis quelques années, l'appellation "écoquartier" pullule, la moindre pelouse est victime de ce que l'on peut qualifier de *"greenwashing"*. À bon compte, quelques élus et promoteurs passent un vernis vert sur des actions qui n'ont, au mieux, aucun effet sur la qualité de préservation de l'environnement, donc sur les conditions de vie des habitants.

Pour échapper au cynisme et valoriser le travail bien fait, le ministère a établi des critères exigeants. Ceux qui ont retenu favorablement l'attention du jury pour primer Mons-en-Barœul en 2011 récompensent une "approche écologique globale", conciliant mobilité partagée, densité acceptée, gestion des eaux, énergie et création pour les citadins de zones de promenade.

La ville porte bien son nom et comprend une partie haute et une partie basse. Avec les travaux urbains qui, entre 1965 et 1972, ont transformé ce village paisible en une ville nouvelle hérissée de barres d'immeubles, on a aussi donné toute sa place à la mobilité automobile. Certaines avenues comptaient, sur 80 mètres de large, une zone de parking automobile, une contre-allée, deux voies principales, et ceci pour chaque côté. Autant dire que traverser ces boulevards pour aller au contact des riverains était aussi fastidieux que de prendre un bac pour traverser le fleuve. En somme, la ville, dédiée à la circulation automobile, n'était pas un lieu de rencontres. Les travaux ont consisté à reconquérir ces zones. Il subsiste aujourd'hui une voie centrale de circulation automobile de 8 mètres de large, dont 1,50 mètre de bande cyclable de part et d'autre. De vastes étendues ont été rendues à la terre et à la circulation, par bassins successifs, de l'eau de pluie qui s'infiltre au gré de noues paysagères et de prairies filtrantes. Les chaussées-réservoirs[1] aussi font l'objet de l'attention et de l'entretien par les services municipaux de gestion des espaces verts. C'est une perception différente de la vie en zone urbaine qu'il a fallu expliquer aux citoyens. Non, la nature ne demande pas qu'on la maîtrise et qu'on la taille en coupe réglée. Une noue, une haie, un bassin d'infiltration ne sont ni des nids à maladies, ni des repaires à rongeurs, ce sont des espaces dans lesquels, avec un peu de chance, une diversité biologique trouvera sa place. Cette diversité participe à l'équilibre fragile du vivant. La ville est vivante.

Pour une commune de 300 hectares dont le périmètre, complètement artificialisé, est consacré à ses 10 000 logements, le fait de gagner sur le bitume ou le béton pour infiltrer les eaux et retrouver des espaces verts est devenu un objectif à part entière.

Des jardins et des couleurs : la ville n'est pas triste, on s'y retrouve. Nicolas et moi entrons dans la salle d'escalade et de force athlétique, espaces ouverts en demi-lune pour y produire des compétitions devant le public. Ce qu'il faut d'ouvertures vers l'extérieur laisse filtrer de l'air et de la lumière, avec l'ombre portée de la canopée d'arbres plus anciens. Nous sommes passés près des grilles ouvertes de l'entrée nord du parc de la Solitude, nous avons aperçu les bosquets d'arbres dont la masse

---

1. Sous la chaussée, on crée un réservoir qui permet de contenir les eaux de pluie et de ruissellement.

plus sombre fait le mystère du lieu, on dirait le parc oublié d'une ancienne gloire déchue, qu'on n'aurait pas touché par respect pour le souvenir d'une époque révolue, qu'on aurait oublié comme on oublie parfois des lieux de l'enfance, où passent encore des citadins égarés, des grappes d'enfants qui jouent, un souffle d'air, peut-être une musique lointaine qui renforce la douce nostalgie de l'endroit. Il faut dans la ville des endroits peu travaillés pour y déposer à son tour une part de soi, du mystère des rendez-vous ratés, des souvenirs qui s'effacent, un lieu qui n'a pas d'autre utilité que cela, inutile et drôlement nécessaire. Et puis ce nom, parc de la Solitude, à lui seul doit nous suffire pour comprendre, en contradiction avec l'utilitarisme obligé, le consumérisme forcené et l'agitation frénétique des vies contemporaines, que la solitude comme l'ennui ou la nostalgie sont des moments de pause absolument indispensables à l'équilibre de l'esprit.

Après, d'ailleurs, le souvenir se brouille. Avons-nous viré à gauche au rond-point ou à droite, je ne sais plus, mais rapidement, après ce qui me semble une voie en travaux, nous sommes arrivés au pied du fameux mail Carrel. On les voit de loin, elles sont un point de repère, en fait pas de partout, mais là elles ont surgi, les deux tours, je ne m'y attendais pas. La passerelle aérienne m'impressionne beaucoup, on dirait un dessin futuriste de Bilal. Mais qui traverse à une telle hauteur ? On dirait un pont suspendu au-dessus du vide d'un torrent de montagne, au milieu d'une jungle forcément équatoriale. Comme ces ponts de bois faits de rondins, qui bougent au vent et sous le passage agile du chasseur. En baissant le regard, on voit que la circulation dans le jardin se fait comme on déambule, pas de ligne droite, parfois un banc ou un bac pour les jeux d'enfants, un buisson de graminées ou de roses trémières, des essences variées, pas de fond de cour aux murs gris où l'aube n'aurait jamais sa chance[1], plutôt la possibilité d'une perspective ouverte au milieu de ces imposants immeubles.

---

1. Je reprends en les modifiant à peine les paroles d'une chanson de Barbara, *Perlimpinpin*.

Puis c'est à nouveau une perspective ouverte, un stade. À nouveau des espaces réservés à la filtration des eaux de ruissellement, aménagés en jardins d'agrément et découpant l'espace pour prendre vraiment toute la vue. Il semble que l'on ne voit que ça : la rampe d'accès à ce qui doit être une dalle de parking d'habitation, sur le flanc et le dos est du quartier de l'Europe. On comprend là ce que veut dire la "ville-voiture". Qui sont les fous illuminés qui ont cru un jour que la modernité passerait par le béton et la domination de l'automobile ? Pensaient-ils que, de ce lieu, on serait quoi qu'il arrive tenté de fuir au plus vite et que, pour ce but unique, il fallait que l'on puisse sauter dans sa voiture et démarrer en trombe, qu'une nouvelle époque s'ouvrirait avec l'idée que l'on irait de la cuisine à la salle de bains en auto ? Rêve moderniste ou pas, je me demande toujours si les concepteurs de ces lieux-là y ont jamais vécu. Je les imagine, rentrant fourbus mais l'esprit tranquille après une journée de travail et, avec le sentiment du devoir accompli, s'asseyant confortablement en hiver sous la véranda qui ouvre sur le parc paysager de leur belle maison individuelle, loin de la promiscuité et du béton auxquels, décidément, ils ne destinent que leurs congénères.

L'ensemble des bâtiments municipaux, tels la salle d'escalade et de force athlétique, les écoles ou les centres techniques, sont tous couverts de végétaux.

D'autres zones pourraient encore connaître des bouleversements dans les années à venir, car les élus et la population ne comptent pas en rester là. On se demande ce que l'on pourrait imaginer pour réaffecter le parc de la Solitude, dont l'ensemble couvre tout de même 5 000 à 6 000 mètres carrés. Par exemple, un grand espace paysager dédié à la promenade et à la phytoremédiation des eaux grises et noires par des moyens strictement naturels, sans eaux stagnantes et sans odeurs ? L'idée circule déjà dans les esprits.

En fait d'écoquartier, la ville de Mons tout entière se rénove aux normes du XXIe siècle. Une certaine forme de cohérence se dégage de l'ensemble, quand on additionne sur un même territoire des actions concertées autour de la nouvelle mobilité et de la désartificialisation des sols. Les lignes de métro qui desservent Mons par trois stations ont été renforcées de lignes de bus à haut niveau de service. Ainsi, d'est en ouest, entre Villeneuve-d'Ascq et Euralille, et du nord au sud, entre Villeneuve-d'Ascq (Pont de Bois) et Marcq-en-Barœul, en tenant compte des flux naturels de voyageurs qui pour beaucoup travaillent à Villeneuve-d'Ascq, les liaisons ont été multipliées. Le métro y prend sa part et d'autres villes ont imaginé des lignes de "piétro[1]". Il s'est donc beaucoup agi de désenclaver les citoyens.

Quand la question du vélo s'est posée, l'équipe municipale a lutté pour imposer l'idée qu'il fallait que les stations de vélos en libre-service, ici V'Lille, soient implantées de manière harmonieuse dans toute la ville, et pas seulement devant la mairie ou dans les quartiers plus favorisés (comme un effet d'affichage qui n'aurait pas vraiment à voir avec le service des citoyens). Combat gagné, si j'en juge par le fait que quatre des dix stations sont implantées dans la ZUP, le nouvel écoquartier de Mons.

Repenser la ville avec l'énorme chantier de la circulation, c'était aussi revoir les pentes pour que handicapés moteurs et poussettes d'enfant puissent évoluer régulièrement. Des zones éclairées avec 10 à 20 lux, et non pas 100 comme l'imposaient les normes. Car 10 lux permettent de circuler en toute sécurité et de maintenir la quiétude des habitants, et de la faune et de la flore qui se réimplantent progressivement.

Dans l'écoquartier, on délimite l'espace clairement. Pas avec des palissades. Mais en définissant des espaces pavés autour des

---

1. Ce néologisme, proposé par des urbanistes, définit une ligne de circulation à pied : dans la ville, on dessine sur un plan un cheminement, en indiquant des temps de parcours à pied pour inciter les riverains ou les visiteurs à marcher. Certaines collectivités poussent même l'idée en déployant sur le parcours des bancs protégés par des abris, permettant le repos du piéton. Ces parcours sont légèrement aménagés, quelques fleurs, quelques bosquets rythment l'espace, un trait pointillé dessiné au sol permet de suivre l'itinéraire.

– 154 –

résidences, qui ne puissent pas être confondus avec les rues et avenues. Auparavant, il n'y avait pas de distinction entre espace public et espace privé collectif. Comment, alors, développer le sens civique, que l'appartenance à un lieu collectif dont on est fier permet, au contraire, de valoriser ? Chaque immeuble est replacé dans son espace, ainsi chacun sait où il habite.

Le mail Carrel est un exemple réussi, quand on s'y promène, de cette réappropriation des lieux. Il faut imaginer ces deux tours de grande hauteur, très impressionnantes vues du sol. L'impression de vertige inversé est provoquée par la passerelle, suspendue à 30 mètres de hauteur, qui relie les étages supérieurs entre eux. L'espace public est dessiné par des talus et des buissons bas. On sait que l'on passe par là. Le cheminement n'est pas linéaire et les buissons ne se ressemblent pas : on a favorisé la plantation d'essences variées, créant une diversité esthétique.

Les rénovations ont permis aux habitants de retrouver leur lieu de vie et leur histoire sans arrachement ou rupture avec leur passé. Les logements rénovés sont confortables et peu dispendieux en énergie, en isolation thermique et phonique, la qualité de vie a gagné. La relation sociale aussi.

On a transformé une "usine à habiter" des années 1960 en une ville qui privilégie la mixité sociale et fonctionnelle. C'est un enjeu d'avenir que de trouver en ville, en un même lieu, les fonctions et les services nécessaires à la vie quotidienne. Commerces, action économique, services et logement. La ville des courtes distances. Celle qui peut agréablement être parcourue à pied ou à vélo et que l'on quitte ou que l'on rejoint facilement par des transports en commun fluides, fréquents, propres et rapides.

Nous finissons par dépasser cette rampe d'accès pour les automobiles, entrelacs infranchissable pour le piéton non initié, et par atteindre la dalle, au milieu de boutiques récemment ouvertes, qui fait face au parvis de la mairie. Là encore, des travaux se terminent qui donnent le sentiment encourageant d'une ville en mouvement, vivante et qui se réinvente sous nos yeux. Les jardins ouvriers, eux aussi, ont été réhabilités, la circulation facile encourage le développement d'échanges de proximité, notamment pour les ressources vivrières.

En fait, comme le souligne Nicolas Joncquel, 90 % de la ville de 2050 est déjà construite et pensée avec ce nouveau Mons-en-Barœul. Il aura fallu dix ans et une ligne politique claire. Ce qui est possible ici l'est forcément ailleurs car, comme avec l'exemple de Pocheco, j'ai choisi de démontrer des réalisations factuelles, qui prennent place maintenant dans des secteurs autrefois sinistrés.

Retour au vieux Mons et fin de la balade. Et je me prends à rêver que, dans cette région Nord-Pas-de-Calais (bientôt Nord-Pas-de-Calais-Picardie), des expériences réussies d'écolonomies pourraient bientôt former un ensemble assez cohérent. En s'agglomérant les unes aux autres, ces expériences gagneraient, rue après rue, quartier par quartier, et finiraient par former une vallée de l'Écolonomie.

8

LA VALLÉE DE L'ÉCOLONOMIE

Rien ne peut arrêter une idée dont l'heure est venue.

Citation attribuée à Victor Hugo.

La vallée de l'Écolonomie commence par nous-mêmes. Si les États-Uniens ont su déployer avec tellement de succès en Californie la Silicon Valley, qui porte aujourd'hui cet État au premier plan de l'économie mondiale, pourquoi ne saisirions-nous pas l'occasion de ce siècle qui débute, assombri de tant de menaces, pour renverser la tendance et créer dans notre pays les conditions d'un formidable rebond ? Pocheco pourrait tomber et a connu des situations difficiles. Pourtant, nous sommes vivants. Parce que devant chaque défi surgit une proposition originale. On se décale. On invente. On se groupe. On parle. On pense. On rit. L'atmosphère se tend, on s'explique. Nos passés nourrissent, d'une différence à l'autre, des idées que nous explorons ensemble. Une force nous vient sûrement de la complicité qui avec les années s'est installée. L'équipe se compose et se divise parfois. Le mouvement permanent attise le feu. Un marché s'effondre et nous ne sommes pas décidés à en finir. Stimulés et inquiets, nous cherchons.

Rien ne distingue notre situation de celle du vaste monde, sauf la question de la taille. Évidemment. Notre monde connaît des tensions complexes, l'une d'elles porte sur l'approvisionnement en eau et en ressources vivrières. Le modèle économique dominant s'est emballé. Il est plus ou moins maîtrisé par une minorité à son seul profit au détriment de la majorité. Ce système touche à sa fin parce que les ressources et les hommes s'épuisent finalement. Il faut reconstruire et proposer une alternative viable. Quel projet! Quelle chance les générations actuelles peuvent saisir de proposer un monde nouveau! J'aimerais dire "moins absurde". On peut changer. À notre échelle nous en avons la conviction, et celles et ceux que nous rencontrons pensent souvent comme nous. Bientôt, des millions penseront et agiront, collectivement nous reprendrons la route en sortant de l'ornière.

– 159 –

Le pessimisme et le désespoir ne sont plus des options. Ils sont un luxe que nous ne pouvons plus nous offrir. D'où nous viennent les idées ? La question que nous recevons comme une curiosité et un engagement porte toujours sur nos sources d'inspiration.

1984, j'ai vu Brulcœur[1] voler. Le jardin enchanté, c'est le souvenir du chemin qu'enfants, nous parcourions à travers le bois. On quittait la ville. Quelques instants on se préparait, on se mettait en condition pour atteindre le Fol Espoir des artistes animés par Ariane Mnouchkine à la Cartoucherie de Vincennes, au Théâtre du Soleil. On entrait là et le contraste se faisait. L'œil encore alourdi de la pénombre du bois, comme ébloui par l'émerveillement que provoquaient les artistes derrière leur miroir, riant, chauffant leur voix et maquillant leurs yeux dans une brume de poudre de riz et de parfum lourd des tentures de théâtre, qui déplacent la poussière de scènes anciennes, résidus de planchers râpés, d'estrades croissantes. On entendait encore le souffle finissant de tirades portées jusque dans la coulisse au-delà du temps. On devinait les réserves labyrinthiques encombrées d'un désordre de cintres, de boîtes et de tissus, de mobilier factice et de costumes duveteux aux couleurs surannées. Tout, dans cet enchevêtrement affairé de spectateurs et d'acteurs, cette excitation de sensations et de désirs, se calmait soudainement, nous surprenant presque, pour laisser place enfin à *Richard II* ou *Henry IV*, aux valeureux guerriers montés sur des chevaux sublimes, au pas appuyé des femmes volantes, au rythme sonnant au sol de bois comme sur la peau d'un tambour à chaque saut, car ils sautaient, ils volaient presque ou survolaient, coupant l'espace, lumineux voltigeurs, dans leurs *kamishimo*[2] de parade, brandissant des sabres. J'avais l'impression d'être un autre. J'étais avec eux. J'étais eux.

1. Brulcœur, c'est le surnom de Henry Percy, le personnage de *Henry IV* de Shakespeare, interprété en 1984 au Théâtre du Soleil par Julien Maurel.
2. C'est la tenue complète du samouraï féodal, composée du *hakama* et du *kataginu*.

Quel rapport avec le travail ? Les sources d'inspiration pour entreprendre sont celles qui proviennent des grands chocs émotionnels vécus au cours d'une vie. Rien ne mobilise mieux l'esprit de création que la création elle-même. En voyant les spectacles du Théâtre du Soleil ou ceux des Amandiers de Nanterre, au temps de Patrice Chéreau, de grandes épopées ou des fresques comme *Peer Gynt* du Théâtre de la Ville en 1981, le *Mahabharata* de Peter Brook aux Bouffes du Nord, on se sent tellement transporté, si loin de nos vies, que le chemin de retour vers notre quotidien est manifestement modifié. On garde en soi l'intensité des émotions, la force de l'exotisme, la beauté des costumes, l'étrangeté des textes ou des musiques, celle des rythmes, des dictions ou de la langue. Si on se rend disponible à l'étrangeté, on aborde de nouvelles contrées sans peur, avec une excitation d'explorateur. L'art sous beaucoup de formes permet cela. Certains voyages ou certaines rencontres aussi.

Samedi 24 janvier 2015. L'air du début de soirée est frais mais pas glacial. Depuis quelques minutes, les invités venus assister à une conférence arrivent par groupes. Les bambous souples au vent léger semblent saluer les visiteurs. La nuit est là, tombée depuis au moins deux heures, les abords de l'usine, dans la cour d'entrée, sont creusés d'une lumière chaude échappée des baies vitrées de l'atelier du façonnage à la main, et exagérés d'ombres profondes rendues plus dramatiques par les silhouettes du faux cyprès et du grand magnolia. À cette saison et à cette heure, pas un bruit, à peine le bruissement du vent dans les bambous ou le sifflement parfois renforcé des branches nues de l'hiver. Rien ne bouge. Dans les récits de l'enfance, on pénètre dans une forêt enchantée dont on ne sait pas si elle est hostile et menaçante ou protectrice. Tout dépend tellement de l'intériorité de chacun. Dans quel état suis-je à l'instant où je vais entrer dans l'Agora ? Dans quelle disposition se trouvent les convives ? Joyeux, contents d'être là, si j'en crois le brouhaha qui monte. Dans quelques minutes, quand chacun aura trouvé une place, la salle sera complète, ils sont tous venus et même plus, peut-être le bouche-à-oreille, la curiosité ou l'originalité de la proposition. Si on nous avait dit ça ! Si on nous avait dit qu'un jour, ici, dans ce vieux hangar désaffecté, au lieu d'un tas de ferrailles, vieilleries pour les uns, trésor inestimable pour les autres, dans cet endroit sentant l'huile rance et l'humidité, le champignon, le bois hors d'âge, nous pourrions accueillir 150 personnes assises.

Les parois de bois de mélèze sont faites de planches irrégulièrement taillées, épaisses et lourdes, solides, posées de façon aléatoire, aucune lassitude du regard n'est permise. On le porte d'abord sur ces murs rénovés d'où s'échappe un parfum de résine presque tiède. Les plafonds sont hauts. Pas de sensation pesante, au contraire, nous sommes nombreux et confinés ce soir, mais la hauteur du plafond crée l'espace utile, on respire, solides poutres couleur de miel pour les fermes et cloches orange pour la lumière. L'endroit nous réchauffe. Par les larges baies, la vue se ferme, côté usine, sur le mur de briques de l'atelier dont nous n'avons pas encore rénové la façade, mais s'échappe, repoussée presque naturellement vers le jardin ouvert. Vus de l'Agora, les bambous forment un rideau qui ferme la perspective au fond. Le vieux hêtre pourpre au tronc solide et torturé, le magnolia presque décharné, les noisetiers malins, le laurier luisant de son feuillage gras qui reflète le clair de lune, plus loin, en silhouettes malingres, les hydrangéas, tant bien que mal, tentent une percée, tout cet ensemble respire la vie et sent l'humus.

Nous apprenons.

Depuis bientôt quatre ans, nous accompagnons des entreprises et des communes vers des solutions écolonomiques. Notre dernier exercice a connu une forte accélération de la demande. C'est la conséquence d'une notoriété grandissante de notre cabinet qui s'appuie sur l'expérimentation. Le seul bureau d'études à adosser ses recommandations et ses conseils à l'expérience empirique testée sur nous-mêmes et à des vérifications documentaires extrêmement complètes ! Avec cette notoriété naissante, il se dit aussi que nous répondons concrètement aux questions posées à l'activité industrielle ou de service de notre époque. Dans ces temps de transition, les entrepreneurs demandent des faits contrôlables, nous leur en donnons.

Comment réduire les coûts de fonctionnement et de production tout en réduisant aussi les coûts environnementaux – les lois sont plus contraignantes, je pense à l'obligation qui est faite aux entreprises de plus de 500 salariés d'établir un plan de déplacement d'entreprise[1] – et en augmentant la qualité de la relation à la société ?

C'est, autre exemple, la qualité de la relation de travail, dont il est démontré par des études sérieuses qu'elle produit des effets positifs sur les gains de productivité.

Pour nous, ces trois points (la baisse de la pénibilité et de la dangerosité des postes, la diminution de l'impact de notre activité sur l'environnement et les gains de productivité) forment des fondations, ils tiennent notre édifice. Depuis vingt ans, cette expérimentation nous porte et nous permet d'engager l'avenir avec confiance.

L'équipe travaille avec constance et elle rencontre beaucoup de monde : des mairies et leurs élus ; des entreprises privées, petites et moyennes industries (PMI) ou groupes plus importants ; des dirigeants ; des responsables RSE (responsabilité sociétale des entreprises)... À la quasi-unanimité, tous ces contacts sont intéressés par l'écolonomie, mais certains avouent peiner à en faire leur priorité. Dans la plupart des cas, ils ne doutent pas des résultats tangibles et mesurables présentés par l'équipe – les faits sont là et démontrent que, pour Pocheco et d'autres, l'écolonomie fait son œuvre – mais ils n'ont pas encore réussi à le reproduire dans leur contexte particulier.

Comment les aider ?

---

1. Dans le Nord-Pas-de-Calais, la DREAL a rendu ces plans obligatoires pour les entreprises de plus de 250 salariés implantées dans des zones d'activités.

J'ai en tête l'exemple d'une PMI de la région. Son directeur nous rencontre à la suite d'une conférence, il est déterminé. Il mobilise son équipe, qui montre aussi un intérêt sincère. Nous définissons ensemble un premier chantier qui consiste à créer un nouveau produit pour étoffer sa gamme de fabricant et à apprécier la réaction commerciale – les clients vont-ils accompagner ce changement? Ce serait une bonne façon de mettre collectivement le pied à l'étrier de l'écolonomie, pensent le dirigeant et son équipe. Nous développons donc le nouveau produit. Nous proposons d'en changer la structure. Une partie était en polyester issu de la pétrochimie, et difficilement recyclable après utilisation dans un processus industriel. Pour la remplacer, nous trouvons une résine de lin. Le cœur du produit lui-même est modifié : sa composition n'est plus chimique mais organique, donc parfaitement biodégradable. C'est un progrès.

Nous réalisons l'analyse du cycle de vie complète du produit ainsi modernisé. Nous démontrons qu'à l'échelle industrielle, les coûts de production seront à l'avantage de la nouveauté. Puis silence. Plus un signe. Projet abandonné? Aucune réponse ne nous sera donnée.

Après une expérience comme celle-là, qui voit le dirigeant et son équipe abandonner au premier essai, il m'arrive de penser que les perspectives sont un peu décourageantes. Est-il déjà trop tard pour changer d'économie? Faut-il abandonner toute idée de transmission et de partage de nos résultats tangibles?

Puis on se reprend. Il faut donner du temps. On ne réforme pas un mode de fonctionnement, quel qu'il soit, d'un coup de baguette magique. Il faut d'abord une équipe soudée et décidée au changement.

Chez Pocheco, nous avons mis près de vingt années à faire évoluer nos structures et nos fonctionnements vers l'écolonomie. Notre expérience peut aider les entreprises à accélérer leur propre révolution.

Pour les agglomérations de communes, la problématique est assez différente. Là, c'est le circuit de décision qui est très long. Il faut, c'est la loi, en passer par des cycles de sélection complexes. Avec parfois des situations difficiles à expliquer à l'équipe.

Par exemple, cet élu engagé dans la rénovation d'une partie de la ville dont il a la charge. À sa demande, plusieurs rendez-vous se succèdent qui nous semblent très productifs. Il nous entend, trouve les arguments pertinents, il nous encourage, nous renforce de certains conseils. Ensemble, nous avançons à un rythme qui ne laisse pas de temps morts. Le projet est ficelé, prêt à entrer en phase de réalisation. C'est enthousiasmant.

Puis plus rien.

Quelques jours passent, une semaine, deux semaines, toujours rien. Nous finissons par joindre l'élu qui était soudainement devenu introuvable et injoignable. Il nous indique que le dossier doit finalement passer par un appel d'offres.

Que ce soit clair : je ne m'oppose sûrement pas à la concurrence, je la trouve stimulante et surtout je n'attends jamais le moindre passe-droit. Mais nous avions produit le meilleur de nos idées sans que les règles aient été clairement dites par l'élu. Il argumentait même simplement : l'écolonomie, que nous sommes les seuls à mettre en œuvre, ne pouvait, par sa spécificité, faire l'objet d'une mise en concurrence et notre projet passerait donc légalement par une voie différente.

Nous pensions avancer seuls. Au contraire de ce que nous avait annoncé l'élu, un appel d'offres est lancé. Nous le perdons. Et l'ensemble de notre dossier de préparation est transmis au cabinet qui répondait "en face" de nous à l'appel d'offres. Nous avons travaillé "gratuitement" pour une équipe sans scrupules. Toutes nos propositions transmises à un concurrent, que ça n'a pas dérangé non plus. Notre projet porte en lui la diffusion des méthodes écolonomiques, là, nous avons été servis !

Heureusement, d'autres municipalités vont au bout de leur démarche avec nous. Et Pocheco ne vit pas uniquement de cette activité de conseil en écolonomie.

– 165 –

Optimistes ou naïfs?

Rien de ce que je décris ne surprend plus personne. On pense même que nous devons être novices pour avoir fonctionné de manière aussi naïve. L'écolonomie rend-elle stupide? Faut-il se barder de protections juridiques chaque fois que l'on propose une idée? Faut-il, pour accompagner les changements sociétaux, atteindre la taille critique de certains cabinets d'audit internationaux, au risque, sinon, d'être systématiquement spoliés?

En fait, nous avons choisi la persévérance. L'équipe et moi sommes décidés à continuer de proposer nos services inlassablement, sans que notre survie dépende de la rentabilité de l'activité du bureau d'études. Afin de donner le temps à nos propositions originales de faire leur chemin dans l'esprit de nos interlocuteurs.

Sommes-nous moins avides de réalisations? Que faire de nos impatiences? De nos idées encore inexploitées?

L'écolonomie s'applique en priorité aux entreprises qui, n'étant ni en excellente ni en très mauvaise santé, se situent dans ce que j'appellerai une zone grise de l'économie.

J'entretiens une relation amicale depuis quelques années avec un entrepreneur[1] qui a développé un concept au début des Trente Glorieuses. Il en a fait un succès international. En retrait désormais de la direction opérationnelle de ses affaires, il consacre beaucoup de temps à lire, discuter et réfléchir. Il s'autorise même à questionner sévèrement le modèle qu'il a développé. Au risque parfois de déplaire à ses proches. Je trouve que ce retour sur lui-même et sur ses actes est courageux.

C'est ce qui mobilise mon attention. Sinon, je ne suis pas enclin à me préoccuper des entrepreneurs "conventionnels". Je ne discute pas leur réussite, dans le cadre conforme aux règles mondiales de

---

1. Je veux respecter sa discrétion, elle est un choix, je ne donnerai donc pas son nom, mais cela ne retire rien à l'intérêt que je trouve à sa démarche et à sa réflexion.

l'économie. Mais le prix de cette réussite est trop lourd pour les populations aux plans sociétal, environnemental et climatique.

Mon ami, lui, constate sa réussite. Il regarde avec étonnement et parfois un peu d'effroi, ou en tout cas de l'inquiétude, les conséquences sur le monde de ce dogme économique. La croissance comme religion. Il comprend que ce dogme doit être contesté au regard des effets qu'il produit. Du point de vue du creusement des inégalités sociales, de celui de l'effondrement des ressources naturelles extraites de manière conventionnelle et du réchauffement anthropique du climat. Il constate et il se demande comment nous pourrions inverser la machine emballée de l'économie destructrice. Il envisage de nouveaux concepts dans le domaine de prédilection qui a été le sien pendant longtemps. Des concepts qu'il teste. Il ne se contente pas de réfléchir et de discuter, il intervient.

Notre dernière conversation a provoqué un petit séisme. Il a compris que Pocheco ne gagnait pas souvent d'argent, au sens de l'accumulation de résultats nets dont la distribution pourrait être arbitrée en direction des actionnaires si nous le souhaitions. Et j'ai compris qu'il croyait jusque-là que l'écolonomie était un peu... un sport de riches !

Aucun cynisme de sa part ni de la mienne.

Mais un constat clair : nous venons de deux mondes éloignés et tentons de nous rapprocher, à force de discuter nous finissons par nous comprendre. Lui comprend qu'il existe une économie sérieuse, que nous sommes des gestionnaires compétents, confrontés à des conditions de marché extrêmement difficiles. Nous sommes déjà entrés dans la transition avec notre activité, les volumes d'enveloppes décroissent de près de 30 % par an. Il a aussi compris que nous devons inventer des alternatives aux méthodes de gestion conventionnelles.

C'est à l'occasion de notre dernier échange que cette vérité est apparue. J'ai su dire que nos marges brutes sont très faibles, il a su entendre que, lorsque je dis "très faibles", ce n'est pas un effet de langage. J'ai compris que le message porté par les organisations patronales quant à la baisse des niveaux de profitabilité des entreprises est très trompeur. On croirait que la fin de leur monde est proche. En réalité, les lobbies font du bon travail. Les entreprises développées sont riches et produisent des profits réguliers et récurrents. Celles qui vont vraiment mal déposent le bilan. Il n'y a pas de moyen terme. Pas de zone grise. Dans leur idée, c'est noir ou blanc. Soit on mondialise, on produit des profits dont on distribue tout ou partie aux actionnaires, soit on s'arrête.

L'écolonomie concerne en premier lieu les entreprises de la "zone grise", celles qui ne se retrouvent pas dans la catégorie des entreprises développées ou dans celle des entreprises défaillantes.

On est enclin à tout remettre en question, méthodes de gestion et projet de l'entreprise, quand on va mal. C'est plus difficile de se mobiliser quand "tout va bien".

Je place "tout va bien" entre guillemets car entreprendre, c'est transformer une difficulté en opportunité. Je ne crois pas que tout aille bien dans une entreprise, c'est plus vraisemblablement une question d'indicateurs multiples qui oscillent du vert au rouge en passant par l'orange.

À défaut de créer ici et maintenant une "vallée de l'Écolonomie" aussi vite que je le souhaiterais, nous avons décidé de créer un "village de l'Écolonomie", sur le site même de l'entreprise, qui s'est agrandi par l'acquisition récente de deux petites maisons avec jardin, mitoyennes de notre usine.

La maison du 11, rue des Roloirs, après une discussion à bâtons rompus avec mes collègues Élodie, Kevin et Maxime, sera baptisée Le Fol Espoir, en clin d'œil à la Cartoucherie de Vincennes et à sa troupe d'artistes. Au rez-de-chaussée, un large espace sera rénové et ouvert au public pour devenir, avec l'équipe de La Maison de l'écolonomie, un café citoyen et un "répare-café".

On pourra y porter ses équipements mécaniques et électroniques pour les soumettre à une réparation et à un programme

– 168 –

de "désobsolescence", tout en se régalant d'une soupe du jour, d'un sandwich ou d'une boisson. On peut en effet faire réparer son électroménager pour qu'il dure plus longtemps que les quatre ou cinq ans programmés par les constructeurs. Les matières premières sont rares, préservons-les! Ces réparations seront menées par l'équipe de techniciennes et techniciens de Pocheco.

Nous sommes d'abord des techniciens aguerris. Nous formons de jeunes apprentis dans notre atelier de maintenance, équipé des technologies les plus performantes en termes de rectification, de tour numérique et autres fraiseuses. Savoir-faire en mécanique, en électricité, en automatismes divers et variés : le partage et la transmission de la connaissance sont des ressources inépuisables.

Au Fol Espoir, nous logerons aussi un service de blanchisserie collective écologique, car on peut choisir de ne pas équiper son foyer d'une machine à laver le linge : on remplit un sac que l'on dépose en arrivant pour prendre son poste et que l'on récupère propre à la fin de la journée de travail. Lavage ainsi mutualisé dans des machines à grande contenance, elles-mêmes motorisées par l'électricité produite sur notre toiture, eau de pluie chauffée par nos panneaux et leur chauffe-eau solaire, lessive écologique et eaux usées nettoyées par les bambous... Autarcie et boucle fermée. Dans la mesure de nos ressources locales (eau et énergie), nous pouvons traiter des volumes conséquents de linge, réduisant ainsi les consommations d'électroménager, d'énergie et d'eau des clients, collègues et/ou voisins... adhérents à notre association, La Maison de l'écolonomie.

La salle principale du Fol Espoir sera réservée à notre "répare-café". L'été, la salle pourra s'ouvrir vers le jardin. Nous comptons beaucoup développer ces activités pour multiplier les initiatives et les rencontres. Les visites thématiques de notre site durent en moyenne deux heures, il sera agréable pour nos invités de se restaurer sur place ou de terminer leur périple par une discussion à bâtons rompus autour d'une tasse de café.

Au premier étage du Fol Espoir, nous disposons de salles aménagées pour le sport. Pour pratiquer en intérieur et à couvert, les jours les plus froids de l'hiver, des activités telles que le Pilates, le yoga, le body-pump ; suivre des cours de renforcement musculaire ; recevoir notre ostéopathe. Des douches et des vestiaires complètent la proposition. Nos professeurs diplômés, toujours sous la houlette de Samy et Alex[1], et celles et ceux qui les rejoindront, nous forment et nous entraînent aussi à la marche nordique et à la course à pied. Bien entendu, ces cours sont ouverts à nos voisins et aux visiteurs de passage dans le village – au prix d'une adhésion à La Maison de l'écolonomie.

Au second et dernier étage du Fol Espoir, les nouveaux bureaux logent l'équipe du bureau d'études Canopée Conseil. Toute l'ingénierie et le projet architectural de rénovation du Fol Espoir, depuis l'idée initiale en passant par la programmation, le choix des matériaux, le phasage des travaux, le dessin de la structure et l'aspect final du projet – du dépôt du permis de construire au choix des artisans –, tout a été pensé, discuté, choisi et imaginé avec cette équipe. Chaque nouveau geste est un apprentissage pour elle. Et ce geste devient reproductible pour d'autres programmes auxquels nous pourrions être associés.

En effet, La Maison de l'écolonomie est un programme qui séduit déjà quatre communes de notre région. Les élus souhaitent installer cette offre de services au sein de leurs quartiers en rénovation, parfois labellisés "écoquartiers". Pour nous, il s'agit de développer nos activités et d'essaimer nos idées le plus largement possible. Si les citoyens trouvent leur compte dans l'offre de nos Maisons de l'écolonomie, on peut espérer qu'elles fleuriront bientôt partout sur le territoire et, qui sait, même au-delà.

Avant de devenir Le Fol Espoir, la maison du 11, rue des Roloirs était de conception classique. Probablement construite avec l'usine

---

1. Samy Khireddine est le fondateur de Allo sport santé, société spécialisée dans l'entraînement sportif des particuliers et des collectivités, et d'Owens 36, club-house pour coureurs amateurs. Alex est un de ses adjoints.

vers 1848, pour loger la famille de l'entrepreneur. Fidèles à notre méthode expérimentale, nous choisissons de réutiliser les matériaux que nous démontons. Ainsi les tuiles de la toiture deviennent-elles, après réduction en billes d'argile, le nouveau substrat de la partie végétale de la nouvelle toiture. Avec les bois de l'ancienne charpente, qui étaient trop abîmés et fragiles pour supporter la nouvelle structure, nous avons fait du plancher de bois. L'avantage, en réutilisant ce matériau de cent cinquante ans d'âge, c'est que les insectes ne pénètrent pas dans un bois qui a durci avec le temps. Nous n'utiliserons pas une goutte de vernis ou d'insecticide pour notre nouveau plancher. Pas de composés organiques volatils d'une part, et pas de déchets d'autre part. Les anciens châssis en aluminium sont donnés à une association qui les met à la disposition de particuliers. Les vitreries ne correspondent plus à nos critères, les carreaux seront eux aussi réutilisés.

Au rez-de-chaussée, nous choisissons de chauffer par le sol et nos calculs démontrent que l'ensemble de la maison bénéficiera ainsi d'une température moyenne de 19 à 20 degrés. Dans les salles de sport et le bureau, le complément de chauffage viendra de foyers fermés à bois.

Sur la toiture, trois technologies s'enchevêtrent : des panneaux photovoltaïques pour les besoins en éclairage de la maison ; des panneaux de chauffe-eau solaire pour les douches, la cuisine, le sol chauffant et la laverie écologique ; des végétaux partout où l'espace permet de réserver les eaux de ruissellement afin de les redistribuer pour les besoins des usagers.

Grâce aux qualités isolantes des vitrages d'aujourd'hui, nous avons beaucoup agrandi les surfaces vitrées, faisant entrer la lumière du jour partout où c'était possible sans gêner nos voisins.

Pour isoler correctement les combles, le choix s'est porté sur la laine de bois certifiée sans colle, donc sans composés organiques volatils. Quant à rénover les sols, cela passe parfois par un bon ponçage.

Le bilan de cette rénovation est écolonomique à beaucoup de titres, mais j'insisterai plus volontiers sur le fait qu'en rénovant sur un site existant, on ne contribue pas au développement de l'artificialisation des sols, un problème majeur de notre société qui continue de porter de façon dogmatique la croissance comme seule option sociétale. Je n'y reviens pas mais, si nous ne voulons pas avoir à décroître de façon forcée dans quelques années, il faut dès maintenant, chaque fois que la possibilité se présente, rénover plutôt que couvrir de nouveaux territoires.

L'avenir de l'écolonomie, c'est vous!

Bientôt une vallée de l'Écolonomie dont les bonnes pratiques couvriront peu à peu toute notre région et même au-delà, relançant l'activité sans détruire plus avant les ressources, et déjà nous proposons le village de l'Écolonomie. Il faut bien un début! On se prend à rêver que ce village en inspirera d'autres. Pourtant, il m'arrive de craindre, quand je vois les autocars déposer chez nous les visiteurs du monde entier, que notre village ne devienne, à l'instar du célèbre petit village gaulois de la bande dessinée, un lieu de retrait fermé, et que l'on sanctuarise l'écolonomie au lieu de la prendre à bras-le-corps et d'en faire partout ce qu'elle est, c'est-à-dire une méthode contemporaine de développement.

Ce que deviendra notre village de l'Écolonomie dépend évidemment de nous, l'équipe, mais, il faut bien le dire, cela dépend aussi de ce que nos lecteurs et nos visiteurs décideront. Soit ils prolongeront notre expérience et viendront renforcer notre collectivité d'individus non résignés, soit ils décréteront que c'est l'affaire des pouvoirs publics et s'en remettront alors aux aléas de décisions qui, trop souvent, sont le fruit de compromis longuement discutés, qui aboutissent à des résultats insuffisamment efficaces au regard des enjeux environnementaux et sociétaux actuels. M'opposera-t-on que la démocratie, c'est cela? La démocratie, quand elle est bien organisée, laisse la place à la discussion mais aussi à la décision rapide, efficace et sans compromission ni corruption.

Pourquoi construit-on plus que l'on ne rénove ou restructure d'anciens bâtiments publics ? Avec l'écolonomie, chaque espace est pensé dans un esprit de simplification et d'efficacité.

À côté de Valenciennes, dans le Nord, une grande entreprise centenaire dispose pour son siège social de locaux énergivores. L'équipe aux commandes recherche des économies et trouve avec notre bureau d'études des solutions pratiques efficaces. En isolant les bureaux par une vêture végétale extérieure, en remplaçant les plafonds par des plaques rayonnantes, les fenêtres double vitrage par du triple vitrage, on va atteindre des valeurs faibles qui correspondent aux normes BBC. La rénovation permettra d'économiser 250 000 euros de dépenses de fonctionnement par an. On imagine bien que l'entreprise, encouragée par ces résultats, prolongera cette démarche pour l'appliquer aux trois autres bâtiments du site, situé à l'entrée de la zone industrielle. On peut penser que les travaux puis leurs résultats, une fois connus des voisins, feront des émules. Bâtiment industriel par bâtiment industriel, zone d'exploitation commerciale par zone d'exploitation commerciale, tous les sols artificiels de France pourraient retrouver un peu de perméabilité dans les dix à vingt ans à venir, et la facture énergétique des entreprises du pays serait réduite au moins par trois ou quatre. Si l'on considère, comme c'est le cas chez notre client, que mieux vaut rénover une construction de trente ans d'âge dont la déperdition d'énergie grève les résultats de l'entreprise plutôt que de construire du neuf ou de ne rien faire. Pour que ce raisonnement retienne favorablement l'attention, nous lui avons montré notre usine et nos comptes. Il a produit les siens et nous l'avons accompagné vers cette réalisation écolonomique.

L'écolonomie est une recette de pauvres. Il faut l'écrire sans honte. Notre principale activité chez Pocheco souffre d'une décroissance en volume considérable depuis au moins dix ans. Avant cela, c'était déjà un secteur dont le parc de machines installé et productif dépassait de beaucoup (probablement plus de 10 %) la demande du marché. Nous gérons une activité qui connaît une décroissance accélérée. Notre recette écolonomique nous permet de tenir, c'est-à-dire de préserver nos emplois et d'envisager activement notre reconversion partielle ou totale (l'avenir dira cela). Il faut prendre ces informations pour ce qu'elles sont : un formidable espoir ! Si notre activité de pauvres survit, c'est que l'écolonomie porte des solutions exploitables dans beaucoup de domaines. Celui des finances publiques, par exemple.

Puisque celles-ci sont surendettées, nous vivons dans un pays en voie de paupérisation. Plutôt que de tenter de trancher dans notre système de protection collective, nous devons considérer la possibilité d'agir en changeant notre logiciel de pensée. Pas de croissance à tout prix – ce concept est intenable aujourd'hui – mais bien de l'écolonomie à tout va ! Les entreprises s'adapteront à ces nouveaux modes. C'est certain. Notre témoignage doit être le premier d'une série très longue.

Au moment où j'écris ces lignes, nous travaillons à convaincre certaines entreprises géantes de couvrir leurs millions de mètres carrés de toitures de végétaux permettant la récupération de l'eau de pluie et le rafraîchissement de l'air – au lieu d'une climatisation malsaine et énergivore –, ou aussi de panneaux solaires... Ce que l'on propose à l'échelle d'une usine et de son site est parfaitement applicable à d'autres. C'est une question de conviction et de choix. Il est beaucoup plus facile qu'on ne le croit de mettre le pied dans cet étrier. Encore une fois, la preuve, c'est que nous avons pu le faire, nous, PMI du Nord.

Souvent, mes interlocuteurs se demandent comment entrer dans un programme d'écolonomies. Notre réponse dépend évidemment de chaque situation. Mais, dans tous les cas rencontrés, nous commençons par une action... Qui a écrit que les chemins les plus longs commencent toujours par un premier pas[1] ?

1. Référence à Lao Tseu qui a écrit : "Un chemin de mille lieues commence toujours par un premier pas."

– 174 –

En 2015, les entreprises qui n'auront pas engagé une certification ISO 50001[1] portant sur la réduction de l'impact sur l'environnement de leurs activités industrielles ou de services seront taxées à hauteur de 4 % de leur chiffre d'affaires. Ne serait-ce que pour cela, il devient urgent d'engager ces démarches : l'écolonomie est tellement au cœur des problématiques sociétales de notre temps qu'en la mettant activement en œuvre dans les entreprises, on précède la loi! Le Fol Espoir et sa myriade d'activités, l'Agora et son réservoir de diversification de nos activités industrielles sont nos repaires de transmission de la connaissance, en même temps que les lieux d'apprentissage et de croissance de notre pépinière de talents. Ce sont les plus récents témoins de nos efforts pour une transition vers une économie locale, respectueuse des ressources naturelles, économe, mais pas moins productive ou moins rentable, au contraire! L'écolonomie, entreprendre sans détruire, construit un avenir engageant.

---

1. La certification vise à améliorer la performance énergétique de toute organisation. Sa mise en place est donc une source d'économie énergétique potentielle pour les entreprises. Selon l'Agence internationale de l'énergie, cette norme pourrait avoir un impact sur 60 % de la demande d'énergie mondiale.

9

COMME UN GERRIS[1] POSÉ SUR L'ONDE

1. Le gerris, ou punaise d'eau, est un coléoptère si léger qu'il ne laisse pas de trace de son passage sur la surface de l'eau. Quand il est posé sur l'onde calme d'un étang, on distingue seulement le cerne d'eau autour de la pointe de ses pattes.

À la mémoire de mon grand-père Jean.

1972. À l'orée fraîche du petit bois de Saint-Robert, la clairière bruisse d'été et de milliers d'insectes libres. Ce microcosme fascine les enfants réunis autour de leur grand-père. Le vieil homme est encore agile, bien que ralenti déjà par la maladie de Parkinson. Ses mots rares sont remplacés par des œillades rigolardes, des silences éloquents et une gestuelle parlante. Il se saisit à pleines mains d'une grosse touffe de jeunes orties et les arrache. Ramasse une fleur, coupe une rose derrière la grange qui sent l'humidité et le sable, les monnaies-du-pape s'éventent en étincelant de leurs reflets pâles dans l'eau molle de cette fin de journée. Derrière la barrière de bois vermoulu, à l'entrée de la clairière, une belle mare, presque un étang. Pas une de ces mares envasées, malodorantes et vertes, non, une vraie mare de campagne. Vivante.

Mais le souvenir de l'enfance est loin et le temps passé depuis en déforme peut-être les dimensions – pas les sensations car elles, restent au-delà même de la disparition des lieux et des êtres chers. La mare est équilibrée, comme le dirait un écologue d'aujourd'hui, des rainettes s'égaillent sur la berge, quelques carpes, forcément paisibles, nagent entre deux eaux et disparaissent en laissant passer une bulle qui finit d'éclater en surface, déstabilisant à peine le ballet lisse d'un gerris posé sur l'onde qui, dans le jour finissant de ce lointain été, glissait par là.

À Névache, en août 2015.

BIBLIOGRAPHIE

Comprendre l'économie
Daniel Bachet, Gaëtan Flocco, Bernard Kervella *et al.*, *Sortir de l'entreprise capitaliste*, Éditions du Croquant, 2007.
Ha-Joon Chang, *Deux ou trois choses que l'on ne vous dit jamais sur le capitalisme*, trad. F. et C. Chemla, Seuil, 2012.
Denis Clerc, *Déchiffrer l'économie*, 18ᵉ édition, La Découverte, 2014.
Robert Costanza, Carol Franco, Gar Alperovitz *et al.*, *Vivement 2050! Programme pour une économie soutenable et désirable*, trad. V. Denot, Les Petits Matins, 2013.
Susan George et Martin Wolf, *La Mondialisation libérale*, Grasset-Les Échos, coll. "Pour & contre", 2002.
Gaël Giraud, *Illusion financière : des subprimes à la transition écologique*, Les Éditions de l'Atelier, 2014.
Naomi Klein, *Tout peut changer*, Actes Sud-LUX, 2015.
Donella H. Meadows, Dennis Meadows et Jorgen Randers, *Les Limites à la croissance dans un monde fini*, trad. A. El Kaïm, Rue de l'Échiquier, 2012.
François Morin, *L'Hydre mondiale : l'oligopole bancaire*, LUX, 2015.
Alban Vétillard, *Croissance et écologie*, Sang de la Terre, 2013.

Climat et écologie
Académie des sciences, *Événements climatiques extrêmes*, EDP Sciences, 2010.
Association négaWatt, *Manifeste négaWatt*, Actes Sud, coll. "Domaine du possible", 2012.
–, *Changeons d'énergies*, Actes Sud, coll. "Domaine du possible", 2013.
Lionel Astruc et Cécile Cros, *Manger local*, Actes Sud, coll. "Domaine du possible", 2011.
Lionel Astruc, *(R)évolutions*, Actes Sud, coll. "Domaine du possible", 2012.

Sandrine Bélier et Gilles Luneau, *La Biodiversité, une chance*, Actes Sud, coll. "Domaine du possible", 2013.

Christophe Bonneuil et Jean-Baptiste Fressoz, *L'Événement Anthropocène*, Seuil, coll. "Anthropocène", 2013.

Claude et Lydia Bourguignon, *Le Sol, la terre et les champs*, Sang de la Terre, 2015.

Jacques Caplat, *L'Agriculture biologique pour nourrir l'humanité*, Actes Sud, coll. "Domaine du possible", 2012.

–, *Changeons d'agriculture*, Actes Sud, coll. "Domaine du possible", 2014.

Philippe Cury et Yves Miserey, *Une mer sans poissons*, Calmann-Lévy, 2008.

Salvador Juan, *La Transition écologique*, Érès, 2011.

Frédéric Lasserre, *Écologie, irrigation, diplomatie : comment éviter les guerres de l'eau*, Delavilla, 2009.

Serge Latouche, *Pour sortir de la société de consommation*, Les Liens qui libèrent, 2010.

Hervé Le Treut, *Nouveau climat sur la Terre*, Flammarion, 2009.

John R. McNeill, *Du nouveau sous le soleil : une histoire de l'environnement mondial au XXe siècle*, trad. P. Beaugrand, Points, 2013.

Paul Shepard, *Nous n'avons qu'une seule terre*, trad. B. Fillaudeau, José Corti, 2013.

Isabelle Stengers, *Au temps des catastrophes : résister à la barbarie qui vient*, La Découverte, 2013.

Mohammed Taleb, *L'Écologie vue du Sud*, Sang de la Terre, 2014.

Raphaël Trotignon, *Comprendre le réchauffement climatique*, Pearson, 2009.

Guides techniques

Nigel Dunnett et Noel Kingsbury, *Toits et murs végétaux*, trad. E. Laïs, Rouergue, 2005.

Edmund C. et Lucie L. Snodgrass, *Guide des plantes de toits végétaux*, trad. D. Brochet, Rouergue, 2008.

REMERCIEMENTS

Merci de tes conseils avisés et de ton attention amicale, cher Cyril, continuons et, bientôt, nous te mériterons un peu !

Merci, Réjean, de ton écoute attentive, patiente, curieuse et tellement foisonnante, qui me donne le courage de produire et d'expliquer.

Mes chères et mes chers collègues, la première version de ce livre vous était dédiée, vous rendez possible ce qui est souhaitable, je vous remercie de vous.

Régine, tous tes encouragements sont précieux, Clémence sous d'autres cieux, amicales voyageuses et professionnelles exigeantes mais justes, Émeline, Aïté, merci de vous.

Merci, Françoise Nyssen et Jean-Paul Capitani, dans cette époque de calculs de bouts de chandelle où la profitabilité immédiate décide souvent du court destin des livres, de défendre de toute votre âme un catalogue riche, faisant de vous, et des équipes qui vous accompagnent, des éditeurs.

Merci aux auteurs Actes Sud ayant rencontré le succès, qui, par leur réussite, favorisent la découverte et la publication d'autres auteurs et idées qui, sinon, seraient moins diffusés.

Chère Liz, votre traduction (la préface de Rob Hopkins), et un jour votre livre ? Merci de votre indéfectible soutien et de toutes les portes que vous ouvrez.

Merci, Emmanuelle, pour ta lecture bienveillante, attentive et précise, et merci, Pierre, pour ton soutien, j'appréhendais sûrement votre regard d'universitaires et l'attendais aussi avec impatience, il me confronte à la question essentielle de la légitimité de mes propositions.

Maude et Kevin, Maxime et Corentin, sans votre patient travail de recherche, ce livre serait imprécis... Merci de cet accompagnement qui me libère la plume.

Enfin à vous, Nadette, Claude, Guillaume, Éric, Christophe et Nico, qui passez du temps à me raconter vos parcours et vos réalisations,

– 180 –

et à partager avec moi vos connaissances, j'espère que vous sentirez dans ce livre quel plaisir j'ai à discuter avec vous et quelle profonde estime vous m'inspirez.

COMMENT NOUS CONTACTER

Si vous le souhaitez, vous pouvez nous écrire une belle lettre sur papier dans une belle enveloppe en papier :
Pocheco
13, rue des Roloirs
59510 Forest-sur-Marque
Vous pouvez aussi nous téléphoner au + 33320 61 90 90.

Vous pouvez visiter nos sites virtuels, mais pensez à éteindre et à débrancher vos appareils après utilisation !
www.pocheco.com
ou : www.ecolonomie-lelivre.fr
ou : www.lesyndromedupoissonlune.fr
ou : www.canopeereforestation.org
ou : www.canopeeconseil.com

Nous adresser un courriel est toujours possible, même si cela consomme beaucoup trop d'énergie : contact@pocheco.com.

À bientôt !

Colibris est une ONG qui encourage une dynamique de créativité au sein de la société civile. Sa mission consiste à inspirer, relier et soutenir ceux qui veulent construire une société écologique et humaine.

Éducation, économie, agriculture, énergie, habitat..., l'association met en lumière les solutions les plus abouties dans chaque domaine et propose des outils concrets pour favoriser leur mise en œuvre sur des territoires. La méthode Colibris facilite la coopération entre citoyens, élus, entrepreneurs, et permet à chacun d'agir, individuellement ou collectivement, sur son lieu de vie.

Les Colibris, ce sont tous ces individus qui inventent, expérimentent, coopèrent concrètement pour bâtir des modèles de vie en commun respectueux de la nature et de l'être humain.

Fondée sous l'impulsion de Pierre Rabhi en 2007, Colibris appartient au réseau Terre et Humanisme, dont la vocation de chaque structure est d'encourager l'émergence et l'incarnation de nouveaux modèles de société par une politique en actes.

La collection "Domaine du possible", dans laquelle ce livre est édité, est le fruit d'une collaboration et d'une amitié entre Actes Sud et Colibris entamées en 2007.

Pour plus d'information : www.colibris-lemouvement.org

CATALOGUE DU DOMAINE DU POSSIBLE

ÉDUCATION
... Et je ne suis jamais allé à l'école, André Stern, 2011.
La Ferme des enfants, Sophie Bouquet-Rabhi, 2011.
Ces écoles qui rendent nos enfants heureux, Antonella Verdiani, 2012.
Enseigner à vivre, Edgar Morin, 2014.
L'École du Colibri, Isabelle Peloux et Anne Lamy, 2014.

ALIMENTATION
Manger local, Lionel Astruc et Cécile Cros, 2011.
Le Manuel de cuisine alternative, Gilles Daveau, 2014.
Plaisirs cuisinés ou poisons cachés, Gilles-Éric Séralini et Jérôme Douzelet, 2014.

AGRICULTURE
L'Agriculture biologique pour nourrir l'humanité, Jacques Caplat, 2012.
Le Manuel des jardins agroécologiques, préface de Pierre Rabhi, 2012.
Permaculture, Perrine et Charles Hervé-Gruyer, 2014.
Changeons d'agriculture, Jacques Caplat, 2014.
L'Agroécologie, une éthique de vie, Pierre Rabhi, 2015.

ÉCONOMIE
Le Syndrome du poisson lune, Emmanuel Druon, 2015.

ÉNERGIE
Manifeste NégaWatt, Marc Jedliczka, Yves Marignac et Thierry Salomon, 2012.
Changeons d'énergies, Marc Jedliczka et Thierry Salomon, 2013.

INITIATIVES DE LA SOCIÉTÉ CIVILE
Éloge du génie créateur de la société civile, Pierre Rabhi, 2011.
(R)évolutions, Lionel Astruc, 2012.
Pierre Rabhi, semeur d'espoirs, Olivier Le Naire et Pierre Rabhi, 2013.
Vandana Shiva. Pour une désobéissance créatrice, Lionel Astruc, 2014.
Les Incroyables Comestibles, Pam Warhurst et Joanna Dobson, 2015.
Demain. Un monde nouveau en marche, Cyril Dion, 2015.

Le Pouvoir d'agir ensemble, ici et maintenant, Rob Hopkins et Lionel Astruc, 2015.

ÉCOLOGIE ET BIODIVERSITÉ
Du bon usage des arbres, Francis Hallé, 2011.
Plaidoyer pour l'herboristerie, Thierry Thévenin, 2013.
La Biodiversité, une chance, Sandrine Bélier et Gilles Luneau, 2013.
Earthforce, capitaine Paul Watson, 2015.

NAISSANCE & PRÉPARATION À L'ACCOUCHEMENT
Mère et père en devenir, Esther Wiedmer, 2015.
Pour une grossesse et une naissance heureuses, Magali Dieux, Patrice Van Eersel et Benoît Le Goëdec, 2015.

Ouvrage réalisé
par l'Atelier graphique Actes Sud.
Achevé d'imprimer
en janvier 2016
par Normandie Roto Impression s.a.s.
61250 Lonrai
sur papier fabriqué à partir de bois provenant
de forêts gérées durablement (www.fsc.org)
pour le compte
des éditions Actes Sud
Le Méjan
Place Nina-Berberova
13200 Arles.

Dépôt légal
1re édition : janvier 2016
N° d'impression : 1505286
(Imprimé en France)